内蒙古自治区地方标准

内蒙古地区沙漠公路勘测设计规范

Code for survey and design of desert highway in Inner Mongolia area

DB15/T 939—2015

主编单位：内蒙古自治区交通运输培训中心
批准部门：内蒙古自治区质量技术监督局
实施日期：2016 年 03 月 25 日

人民交通出版社股份有限公司

图书在版编目(CIP)数据

内蒙古地区沙漠公路勘测设计规范：DB15/T 939—2015 / 内蒙古自治区交通运输培训中心主编. — 北京：人民交通出版社股份有限公司,2016.9
ISBN 978-7-114-13371-8

Ⅰ.①内… Ⅱ.①内… Ⅲ.①沙漠—道路测量—设计规范—内蒙古 Ⅳ.①U412.24-65

中国版本图书馆 CIP 数据核字(2016)第 237036 号

标准类型：	内蒙古自治区地方标准
标准名称：	内蒙古地区沙漠公路勘测设计规范
标准编号：	DB15/T 939—2015
主编单位：	内蒙古自治区交通运输培训中心
责任编辑：	李 沛
出版发行：	人民交通出版社股份有限公司
地　　址：	(100011)北京市朝阳区安定门外外馆斜街 3 号
网　　址：	http://www.ccpress.com.cn
销售电话：	(010)59757973
总 经 销：	人民交通出版社股份有限公司发行部
经　　销：	各地新华书店
印　　刷：	北京市密东印刷有限公司
开　　本：	880×1230　1/16
印　　张：	3.25
字　　数：	100 千
版　　次：	2016 年 9 月　第 1 版
印　　次：	2016 年 9 月　第 1 次印刷
书　　号：	ISBN 978-7-114-13371-8
定　　价：	40.00 元

(有印刷、装订质量问题的图书,由本公司负责调换)

DB15/T 939—2015

目　次

前言 .... Ⅲ
1 范围 1
2 规范性引用文件 1
3 术语和定义 1
4 符号 3
5 勘测 3
　　5.1 气象调查 3
　　5.2 地形地貌勘察 3
　　5.3 工程地质勘察 3
6 路线设计 4
　　6.1 选线原则 4
　　6.2 选线方法 4
　　6.3 平面设计 4
　　6.4 纵面线形设计 4
　　6.5 横断面设计 5
　　6.6 标志标线和护栏等交通安全设施 5
7 路基 5
　　7.1 路基断面 5
　　7.2 路基高度 7
　　7.3 路基压实 7
8 路面 8
　　8.1 一般要求 8
　　8.2 路面材料 8
　　8.3 路面结构组合设计 10
　　8.4 沥青路面厚度设计方法 24
　　8.5 路肩设计 27
9 路基和路侧工程防沙设计 27
　　9.1 概述 27
　　9.2 防沙工程体系的配置原则 28

Ⅰ

9.3 工程与植物综合防沙技术 ··· 36

9.4 防火隔离带 ··· 39

附录 A（资料性附录） 内蒙古地区沙漠的分布 ··· 40

附录 B（资料性附录） 沙漠公路典型路面结构组合 ··· 41

前　言

本标准按照 GB/T 1.1—2009 给出的规则编写。

本标准由内蒙古自治区交通运输厅提出并归口。

本标准起草单位：内蒙古自治区交通运输培训中心、新疆交建公路规划勘察设计有限公司。

本标准起草人：姜海涛、王宇辉、苏建、刘博、李香玲、马峥、李卫涛、郑育宏、张碧瑜、张建栋、秦梦菊、伊力扎提·伊力哈木、苟宪娟、徐龙、杨彬、宋新军、尹苗森。

DB15/T 939—2015

内蒙古地区沙漠公路勘测设计规范

1 范围

本标准规定了内蒙古地区沙漠公路勘测、路线设计、路基设计、路面设计和路基路侧工程防沙设计等要求。

本标准适用于内蒙古地区沙漠公路的勘测设计。

2 规范性引用文件

下列文件对于本文件的应用是必不可少的。凡是注日期的引用文件，仅注日期的版本适用于本文件。凡是不注日期的引用文件，其最新版本（包括所有的修改单）适用于本文件。

JTG B01	公路工程技术标准
JTG B04—2010	公路环境保护设计规范
JTG C10—2007	公路勘测规范
JTG C20—2011	公路工程地质勘察规范
JTG D20	公路路线设计规范
JTG D30—2015	公路路基设计规范
JTG D50—2006	公路沥青路面设计规范
JTG D60—2015	公路桥涵设计通用规范
JTG D63—2007	公路桥涵地基与基础设计规范
JTG/T D33—2012	公路排水设计规范
JTG E20—2011	公路工程沥青及沥青混合料试验规程
JTG E51—2009	公路工程无机结合料稳定材料试验规程

3 术语和定义

下列术语和定义适用于本文件。

3.1
沙漠 desert

沙漠是荒漠的一部分，指沙质荒漠，其地表覆盖着大片的风成沙与沙丘。

3.2
风积沙 wind deposited sand，aeolian sand

风力作用下形成的沙物质。从工程角度来看，风积沙一般为细砂或粉砂，颗粒集中，级配不良，粉黏粒含量少，基本上为松散状。

3.3
沙地 sandy land

在荒漠地带以外，地表有沙丘覆盖的地带。

3.4
固定沙丘 fixed sand dune

沙丘表面稳定固结,基本上不存在风蚀。国内外一般以植被覆盖度作为判定指标,认为植被覆盖度在50%以上者即为固定沙丘。

3.5

半固定沙丘 semi-fixed sand dune

也可称半流动沙丘,沙丘整体基本固定或移动量不大,但局部仍处于活动状态,并在风力较大时能产生较强的风沙流活动。以植被覆盖度为判定指标时,覆盖度为10%～50%。

3.6

流动沙丘 mobile sand dune

沙丘完全裸露或只有稀少植被,在起沙风作用下,不仅有较强的风沙流活动,且沙丘整体也会顺风前移。以植被覆盖度为判定指标时,覆盖度小于10%。

3.7

沙漠化土地 sandy desertified land

沙漠化(sandy desertification)是指在干旱、半干旱及部分半湿润地区内,在气候变化和人类活动等因素作用下,所产生的一种以风沙活动为主要标志的土地退化过程。其中包括风力作用下的土地风蚀、风沙流、流沙堆积、沙丘活化与前移等一系列过程,受这些过程影响而引起退化的土地,称之为沙漠化土地。

3.8

起动风速和起沙风 threshold wind velocity and effective wind for mobilizing sand

使地表沙粒脱离原静止状态而进入到运动状态的临界风速称为起动风速。等于或超过起动风速的风称之为起沙风。

3.9

风沙流 windblown sandflow

含有沙粒的运动气流称为风沙流,是气流及其搬运的固体颗粒(沙粒)的混合物。

3.10

过境风沙流 non-deposited windblown sandflow

在戈壁、光板地、盐碱地等地区,无沙质地表或地表沙已被盐碱等固结。这些地区的风沙流,其沙源多来自于附近的沙丘或沙地,则称此为过境风沙流或风沙流过境。

3.11

粗糙度 roughness length

下垫面之上平均风速减小到零的某一几何高度[以厘米(cm)为单位],用以表示下垫面粗糙程度。

3.12

下垫面 underlying surface

针对风沙运动而言,能与大气发生热量和水分交换,产生相互影响的表面,如地面、草面、树冠、水面等。粗糙度大的下垫面能大大影响空气的流动。

3.13

工程防沙措施 control of windblown sand with physical treatment

利用柴草、树枝、砂砾、黏土等塑性材料设置障碍或覆盖沙面,分别对沙体或风沙流产生固沙、阻沙、输沙作用的各种措施及其综合运用。

3.14

植物治沙措施 control of windblown sand by vegetation planting

以人工方式促进植物生长,提高植被覆盖度,从而控制或固定流沙,减轻或消除沙害的措施。

3.15

土工格室 geotextile grid

采用高密度低压聚乙烯制成宽约15cm、厚1.2mm的板材,再用焊接方式将多个板材按一定距离连接,展开后呈多个菱形格状的立体土工材料,用风积沙填充这些空格后即形成15cm厚的加固层。由于格室从侧向约束了风积沙,从而大大提高了整体强度,其抗压回弹模量提高很多。

4 符号

α——道路走向与主导风向的夹角($\alpha \leq 90°$)

H——阻沙沙障(栅栏)露于地表以上的高度

5 勘测

5.1 气象调查

a) 收集沿线附近气象台站的常规气象资料,包括气温、地温、降水、蒸发、湿度、风向、风速、动力风向玫瑰图、起沙风矢量图等,重点收集风向、风速、风频率、起沙风的多年观测资料;

b) 测定起沙风速、沙丘移动特征(移动方向、方式、速度和输沙量),特别要掌握大风和高频率起沙风的方向和季节分布。

5.2 地形地貌勘察

a) 风蚀谷地、洼地、残丘地貌的形态特征及沙漠类型和分布范围;

b) 风沙沙源的分布情况、风沙地貌的形成条件,沙丘、沙垄、沙堆、沙山的平面形态及横断面各部的数据;

c) 主风向与沙丘、沙垄移动方向及路线走向的关系,路线沿线沙害类型及严重程度。

5.3 工程地质勘察

a) 工程地质调查内容
   1) 地表组成物质的物理化学性质,如颗粒级配、矿物成分、结构特征、胶结物和含水状况、成层性。对流沙调查其干沙层厚度、干密度、内摩擦角;
   2) 沙漠的固定程度,沙丘移动速度、移动方向与路线走向的关系及沿线沙害情况;
   3) 测定沙粒起动风速,各地貌部位的输沙量和风沙流结构,起沙风的方向、频率及季节分布;
   4) 地表水的分布、潜水埋藏深度及成分;
   5) 潜水位以上地层的含盐量和盐分种类及分布;
   6) 植物的生态特征及其覆盖度;
   7) 沿线及整个地域筑路和防沙的材料。

b) 不良地质调查
   风沙危害程度的判定及划分:
   轻度沙害:沙丘密度小于10%,高度小于1m的平地、波状粗沙地;
   中度沙害:沙丘密度10%～50%,高度2m～10m的沙丘;
   严重沙害:沙丘密度大于50%,高度大于10m的沙丘。

c) 钻探、取样的规定
   取样分析沙土层的颗粒组成、盐类和盐分含量、干沙层厚度和沙层含水率等。

d) 资料
   1) 沙漠地区风沙工程地质说明；
   2) 地质调查、勘探、试验资料；
   3) 沿线沙害情况调查及不良工程地质评价资料。

6 路线设计

6.1 选线原则

a) 注意生态环境保护和可持续发展，兼顾防沙和行车安全两方面，力求在沙漠公路建设中既改善生态环境又获得防沙效益，保持公路畅通，在生态敏感区做到环保选线；
b) 应对路线所经区域、走廊带及其沿线沙漠、工程地质、水文地质进行深入调查，查清其对公路的影响程度。对于风沙堆积严重地段及工程、水文地质不良地段应慎重对待，灾害严重地区应绕避；
c) 路线方向与主导风向平行或锐角相交，使沙害程度减至最小。

6.2 选线方法

6.2.1 高大沙山选线

a) 垭口的选定
   在依附路线基本走向的情况下，应结合风沙地貌地形状况，选择高程较低、横断面比较开阔坦缓的垭口，宜直线穿越。
b) 高大沙山区段选线
   1) 路线通过沙山地段时应选择在上风侧，纵断面顺应自然地形可堤堑交替，高路堤采用流线型缓边坡，路堑横断面边坡采用敞开式；
   2) 在地形受限地段可采用隧道或明洞穿越。

6.2.2 高大复合型沙垄和复合型沙丘链地段的选线

a) 线位宜布设在谷地中心附近，谷地宽度较小时，宜设在高大沙丘的迎风坡脚前；
b) 必须穿越高大山丘背风坡时，应以最短路线长度通过。

6.2.3 低矮沙丘地段的选线

路线选线要尽量考虑路中线两侧20m以内小沙丘为填挖平衡范围。

6.2.4 固定或半固定沙地选线

a) 路线应选择固定沙丘较少且开阔地段通过，避免扰动沙丘；
b) 路线尽量绕避植被区，必须通过时，应选择较稀疏的段落通过。

6.3 平面设计

a) 为减轻平曲线段的公路沙害，应尽量选用较大半径的平曲线；
b) 沙丘(沙垄)地段相对高差小于20m时，宜采用长直线的形式通过。

6.4 纵面线形设计

a) 低矮沙丘地段纵断面线应设在小沙丘平均高度的1/2处至沙丘顶部之间；
b) 低矮植被及短生植物地段，纵断面设计应尽量降低路基高度(小于或等于50cm)，纵坡坡度一般以平缓为宜，竖曲线尽量采用大半径。

6.5 横断面设计

a) 路基边坡不宜过陡,一般以1:3以上的缓坡为宜;
b) 挖方及半填半挖断面:路线走向与主导风向平行或锐角相交时,应设宽度不小于2m的积沙台;
c) 高速公路和一级公路宜设分离式断面,中间间距宜不小于25m;
d) 路肩应与路面平齐,凹形竖曲线段应设集中排水设施。

6.6 标志标线和护栏等交通安全设施

a) 标志、标线除满足交通安全需要外,还应做防风沙及风蚀设计;
b) 护栏宜设计为柔性护栏。

7 路基

7.1 路基断面

沙漠地区公路路基推荐断面形式见表1。

表 1 沙漠地区公路路基推荐断面形式

沙漠类型	公路等级	路基形式	风向与路基夹角 $\alpha(°)$	路基高度（m）		边坡坡率	积沙带宽度（m）
				路堤高度	路堑深度		
流动	二级及二级以下公路	路堤	≤30	$h≤0.5$		1:4.5	
				$0.5<h≤2$		1:3.5	
				$h>2$		1:2.5	
			>30	$h≤0.5$		1:5.0	
				$0.5<h≤2$		1:4.0	
				$h>2$		1:3.0	
		路堑	≤30		$h≤2$	缓于1:5.0	1.5~2.5
					$2<h≤5$	1:3~1:5.0	3.5~4.5
					$h>5$	陡于1:3.0	2.5~3.5
			>30		$h≤2$	缓于1:5.5	2.0~3.0
					$2<h≤5$	1:3.0~1:5.5	4.0~5.0
					$h>5$	陡于1:3.0	3.0~4.0
	一级、高速公路	路堤	≤30	$h≤0.5$		1:5.5	
				$0.5<h≤2$		1:4.0	
				$h>2$		1:3.0	
			>30	$h≤0.5$		1:6.0	
				$0.5<h≤2$		1:4.5	
				$h>2$		1:3.5	
		路堑	≤30		$h≤2$	缓于1:7.0	2.0~3.0
					$2<h≤5$	1:2.5~1:7.0	4.0~6.0
					$h>5$	陡于1:2.5	3.0~4.0

表1（续）

沙漠类型	公路等级	路基形式	风向与路基夹角 α(°)	路基高度（m）路堤高度	路基高度（m）路堑深度	边坡坡率	积沙带宽度（m）
流动	一级、高速公路	路堑	>30		$h \leq 2$	缓于1:8.0	2.5~3.5
					$2 < h \leq 5$	1:3.0~1:8.0	4.5~6.5
					$h > 5$	陡于1:3.0	3.5~4.5
半固定	二级及二级以下公路	路堤	≤30	$h \leq 0.5$		1:4.0	
				$0.5 < h \leq 2$		1:3.0	
				$h > 2$		1:2.0	
			>30	$h \leq 0.5$		1:4.5	
				$0.5 < h \leq 2$		1:3.5	
				$h > 2$		1:3.0	
		路堑	≤30		$h \leq 2$	缓于1:4.5	1.0~2.0
					$2 < h \leq 5$	1:3.0~1:4.5	3.0~4.0
					$h > 5$	陡于1:3.0	2.0~3.0
			>30		$h \leq 2$	缓于1:5.0	1.5~2.5
					$2 < h \leq 5$	1:2.5~1:5.0	3.5~4.5
					$h > 5$	陡于1:2.5	2.5~3.5
	一级、高速公路	路堤	≤30	$h \leq 0.5$		1:4.5	
				$0.5 < h \leq 2$		1:3.5	
				$h > 2$		1:2.5	
			>30	$h \leq 0.5$		1:5.5	
				$0.5 < h \leq 2$		1:4.0	
				$h > 2$		1:3.0	
		路堑	≤30		$h \leq 2$	缓于1:6.0	1.5~2.5
					$2 < h \leq 5$	1:2.5~1:6.0	3.5~5.5
					$h > 5$	陡于1:2.5	2.5~3.5
			>30		$h \leq 2$	缓于1:7.0	2.0~3.0
					$2 < h \leq 5$	1:3.0~1:7.0	4.0~6.0
					$h > 5$	陡于1:3.0	3.0~4.0
固定	二级及二级以下公路	路堤	≤30	$h \leq 0.5$		1:3.5	
				$0.5 < h \leq 2$		1:2.5	
				$h > 2$		1:2.0	
			>30	$h \leq 0.5$		1:4.0	
				$0.5 < h \leq 2$		1:3.0	
				$h > 2$		1:2.5	

表1(续)

沙漠类型	公路等级	路基形式	风向与路基夹角 α(°)	路基高度（m） 路堤高度	路基高度（m） 路堑深度	边坡坡率	积沙带宽度（m）
固定	二级及二级以下公路	路堑	≤30		$h \leq 2$	缓于1:4.0	0.5~1.5
					$2 < h \leq 5$	1:2.5~1:4.0	2.5~3.5
					$h > 5$	陡于1:2.5	1.5~2.5
			>30		$h \leq 2$	缓于1:4.5	1.0~2.0
					$2 < h \leq 5$	1:2.5~1:4.5	3.0~4.0
					$h > 5$	陡于1:2.5	2.0~3.0
	一级、高速公路	路堤	≤30	$h \leq 0.5$		1:4.0	
				$0.5 < h \leq 2$		1:3.5	
				$h > 2$		1:3.0	
			>30	$h \leq 0.5$		1:5.0	
				$0.5 < h \leq 2$		1:4.0	
				$h > 2$		1:3.0	
		路堑	≤30		$h \leq 2$	缓于1:5.5	1.0~2.0
					$2 < h \leq 5$	1:2.5~1:5.5	3.0~5.0
					$h > 5$	陡于1:2.5	2.0~3.0
			>30		$h \leq 2$	缓于1:6.0	1.5~2.5
					$2 < h \leq 5$	1:3.0~1:6.0	3.5~5.5
					$h > 5$	陡于1:3.0	2.5~3.5

7.2 路基高度

路基的合理填土高度推荐值见表2。

表2 沙漠公路路基合理高度范围

路 基 形 式	路堤合理高度范围(m)		路堑合理深度范围(m)	
边坡坡率	≤1:3	>1:3	≤1:3	>1:3
二级及二级以下公路	≤2		≤2.5	≤3
一级、高速公路	≤2		≤2	

7.3 路基压实

填方路基压实度在干旱缺水地区可降低1~2个百分点。

8 路面

8.1 一般要求

沙漠地区沥青路面设计要充分考虑地表温度和紫外线的影响；风积沙路基路槽顶面应做封层设计，厚度15cm～20cm；风积沙路基回弹模量值见表3。

表3 不同沙漠分区沙基回弹模量推荐值

区 号	Ⅰ、Ⅱ	Ⅲ	Ⅳ	Ⅴ	Ⅵ、Ⅶ
推荐值 E_0(MPa)	70～90	85～100	90～120	100	100

注1：根据区划指标确定分区。
注2：同一分区内含水率小、风积沙级配好且施工质量高的地区可取高值，反之应取低值。

8.2 路面材料

路面材料设计参数应选择工程拟用材料，在试验确定配合比基础上，结合当地气温、湿度等环境条件，按有关规程的规定实测，然后根据实测资料并考虑一定保证率和已有经验，确定各层材料抗压回弹模量、抗拉强度与抗弯拉回弹模量等参数值。

a) 以路表弯沉值为设计指标时，沥青混凝土应在20℃时测定抗压回弹模量；以弯拉应力为设计指标时，沥青混凝土的抗拉强度、弯拉回弹模量一般宜在15℃条件下测试，也可根据当地环境条件，确定试验温度。

b) 半刚性材料的设计参数按JTG E51规定测定。沥青混合料的设计参数按JTG E20的规定测定。测定数据按下列方法整理：
用于计算弯沉值时，各层材料的抗压回弹模量应按式（1）计算：

$$E = E' - Z_\alpha \cdot S \tag{1}$$

用于计算层底拉应力值时，计算层以下各层的模量应采用式（2）计算：

$$E = E' + Z_\alpha \cdot S \tag{2}$$

式中：E'——各试件模量的平均值；
S——各试件模量的标准差；
Z_α——保证率按95%，$Z_\alpha = 2.0$。

c) 工程可行性研究阶段，对于三、四级公路则为施工图设计阶段，材料设计参数可采用本规范提供的参考值。

d) 路面材料设计参数参考值见表4～表7。

表4 沥青混合料设计参数参考值（MPa）

材料名称	配合比	抗压回弹模量(20℃)	抗压回弹模量(15℃)	劈裂强度(15℃)	备 注
细粒式沥青混凝土	密级配	1 200～1 600	1 800～2 200	1.2～1.6	AC-10,AC-13
	开级配	700～1 000	1 000～1 400	0.6～1.0	OGFC
沥青玛蹄脂碎石		1 200～1 600	1 600～2 000	1.4～1.9	SMA
中粒式沥青混凝土		1 000～1 400	1 600～2 000	0.8～1.2	AC-16,AC-20

表4（续）

材料名称	配合比	抗压回弹模量（20℃）	抗压回弹模量（15℃）	劈裂强度（15℃）	备注
密级配粗粒式沥青混凝土		800～1 200	1 000～1 400	0.6～1.0	AC-25
沥青碎石基层	密级配	1 000～1 400	1 200～1 600	0.6～1.0	ATB-25，ATB-35
	半开级配	600～800			AM-25，AM-40
沥青贯入式		400～800			
注：资料来源于JTG D50—2006。					

表5 基层、底基层材料设计参数

材料名称	配合比或规格要求	抗压模量（MPa）（弯沉计算用）	抗压模量（MPa）（拉应力计算用）	劈裂强度（MPa）
二灰砂砾	7∶13∶80	1 100～1 500	3 000～4 200	0.6～0.8
二灰碎石	8∶17∶80	1 300～1 700	3 000～4 200	0.5～0.8
水泥砂砾	4%～6%	1 100～1 500	3 000～4 200	0.4～0.6
水泥粉煤灰碎石	4%～6%	1 300～1 700	3 000～4 200	0.4～0.6
石灰水泥粉煤灰砂砾	6∶3∶16∶75	1 200～1 600	2 700～3 700	0.4～0.6
石灰水泥碎石	4∶16∶80	1 300～1 700	2 400～3 000	0.35～0.5
石灰土碎石	粒料>60%	700～1 100	1 600～2 400	0.3～0.4
碎石灰土	粒料>40%～50%	600～900	1 200～1 800	0.25～0.35
水泥石灰砂砾土	4∶3∶25∶68	800～1 200	1 500～2 200	0.3～0.4
二灰土	10∶30∶60	600～900	2 000～2 800	0.2～0.3
石灰土	8%～12%	400～700	1 200～1 800	0.2～0.5
石灰土处理路基	4%～7%	200～350	—	—
级配碎石	基层连续级配型	300～350		
	基层骨架密实型	300～500		
	底基层、垫层	200～250	—	—
填隙碎石	底基层用	200～280		
未筛分碎石	底基层用	180～220		
级配砂砾、天然砂砾	底基层用	150～200		
中粒砂	垫层用	80～100	—	—
注：资料来源于JTG D50—2006，拉应力计算参数以实测为主，此表仅供参考。				

表6 碎、砂石土设计参数

碎、砂砾石含量(%)	路基干湿类型	回弹模量值(MPa)	密度(t/m³)	含水率(%)
>70	干燥	90~100	2.05~2.25	7
	中湿	70~80	2.0~2.20	8
	潮湿	55~65	1.95~2.15	11
50~70	干燥	75~85	2.0~2.20	7
	中湿	55~65	1.95~2.15	8
	潮湿	45~55	1.90~2.10	11
30~50	干燥	47~57	1.90~2.10	<10
	中湿	30~40	1.85~1.95	10~15
	潮湿	20~30	1.75~1.85	>15
<30	干燥	30~40	1.80~1.90	<10
	中湿	15~25	1.7~1.8	10~15
	潮湿	5~10	1.6~1.7	>15

注：资料来源于 JTG D50—2006。

表7 无机结合料稳定风积沙设计参数

混合料名称	推荐配合比	抗压模量(MPa)	劈裂强度(MPa)
水泥稳定砂	12:100	950	0.25
水泥粉煤灰稳定砂	9:18:100	1 000	0.35
水泥石灰黏土稳定砂	8:4:15:73	900	0.30
二灰稳定砂	10:20:70	1 200	0.50
水泥石灰炉渣稳定砂	5:15:10:70	800	0.30
沙土固化剂(NS)稳定砂*	14~16% NS 含水率14%	360~420	

注：资料来源于内蒙古交通设计研究院"沙漠地区公路路面结构设计施工及材料研究"总报告(2005.6)；有*的资料引自塔里木油田分公司"流动性沙漠公路勘测、设计、施工验收规范"。

8.3 路面结构组合设计

8.3.1 材料技术要求

8.3.1.1 面层

a) 材料选择

用于沙漠公路沥青面层的材料主要为热拌沥青混合料，包括密级配沥青混合料(沥青混凝土和沥青稳定碎石)、沥青玛蹄脂碎石和沥青表面处治等。

1) 表面层：应选用优质材料，要求具有坚实、平整、耐磨、抗滑、防渗或排水、抗高温变形、抗低温缩裂的功能。用于沙漠公路的沥青路面表面层的材料有：细粒式密级配沥青混合料、沥青玛蹄脂碎石和沥青表面处治。

材料类型的选择，主要依据公路和交通等级、使用功能要求和经济进行考虑。密级配沥青混合料可适应各级公路各个交通等级的要求;沥青玛蹄脂碎石具有良好的抗车辙性能、抗疲劳性能和耐久性并具有较好的抗滑性和较低的噪声,但造价高,可应用于高等级重交通公路上;在轻交通的低等级公路上,主要选用沥青表面处治。

2) 中面层:应选用优质材料,要求具有良好的抗高温变形和防渗的功能。
   用作中面层的材料主要是中粒式密级配沥青混合料。

3) 下面层:应选用粗粒式密级配沥青混合料,要求具有良好的抗高温变形和抗疲劳性能,以及耐久性和水稳性。根据不同沙漠地区温度变化情况,混合料设计时,夏天温度高的分区宜选用粗型密级配沥青混合料,其他分区倾向于细型密级配沥青混合料。

b) 对面层材料的技术要求
   根据内蒙古地区路面温度变化状况,对面层材料提出如下要求:

1) 沥青:沥青标号应根据公路等级、气候条件、交通条件、路面类型及在结构层中的层位、受力特点、施工方法等,结合当地使用经验,经技术论证后确定。根据沙漠地区自然区划,Ⅰ、Ⅱ区沥青以满足低温要求为主,优先选择90号或110号沥青;Ⅲ、Ⅳ、Ⅴ、Ⅵ、Ⅶ区满足高温要求,优先选择70号或90号沥青。具体选用时还需综合考虑高温、低温及温差,当高温要求和低温要求发生矛盾时,优先考虑满足高温要求。

   为兼顾高低温要求及沙漠地区温度场特性,沥青选择时,选用中间标号沥青,即Ⅰ、Ⅱ区选用上述建议中的低标号,Ⅲ、Ⅳ、Ⅴ、Ⅵ、Ⅶ选用上述建议中的高标号或根据地区实际,考虑选用改性沥青。

2) 矿料:粗集料应该洁净、干燥,应首选坚硬、稳定、纹理粗糙、多棱角、颗粒接近立方体的粗集料,尤其是高速公路及一级公路。
   细集料应洁净、干燥、无风化、无杂质,并有适当的颗粒级配。在可能的情况下,应考虑采用破碎的机制砂。
   矿粉采用石灰岩或岩浆岩中的憎水性石料经磨细得到的矿粉,原石料中的泥土杂质应除净。

3) 沥青混合料:对不同沙漠分区,由东至西温度由低温向高温变化,混合料设计时,Ⅰ、Ⅱ区,宜选用粗型密级配沥青混合料;其他区倾向于细型密级配沥青混合料。
   为确保高温抗车辙能力,同时兼顾低温抗裂性的需要,配合比设计时宜适当减少规范公称最大粒径附近粗集料的用量,减少粒径在0.6mm以下的细料用量,使中等粒径集料较多,形成S形级配曲线,并取中等或偏高水平的设计空隙率。

c) 沙漠地区沥青混合料技术标准
   根据规范和使用经验推荐沙漠地区密级配沥青混凝土混合料马歇尔试验技术标准(表8)。
   沥青碎石混合料及SMA混合料技术标准参照规范要求。
   用于高速公路、一级公路的公称最大粒径等于或小于19mm的密级配沥青混凝土混合料(AC)及SMA,需在配合比设计的基础上进行高温、低温、水稳、渗水性检验。

d) 车辙试验
   在规定条件下进行车辙试验,试验结果应符合表9要求。

表8 沙漠地区密级配沥青混凝土混合料马歇尔试验技术标准

试验指标	单位	高速公路、一级公路						其他等级公路
		夏炙热区		夏炎热区		夏热区		
		中轻交通	重载交通	中轻交通	重载交通	中轻交通	重载交通	
击实次数(双面)	次	75						50
试件尺寸	mm	101.6×63.5						

表8（续）

试验指标		单位	高速公路、一级公路						其他等级公路
			夏炙热区		夏炎热区		夏热区		
			中轻交通	重载交通	中轻交通	重载交通	中轻交通	重载交通	
空隙率VV	深度≤90mm	%	4~6	3~5	4~6	3~5	2~4	3~5	3~6
	深度>90mm	%	3~6	3~6	3~6	3~6	2~4	3~6	3~6
稳定度		kN	≥10	≥10	≥8	≥8	≥8	≥8	≥5
流值		mm	2~3.5	1.5~3.5	2~4	1.5~4	2~4.5	2~4	2~4.5
矿料间隙率	设计空隙率（%）	相应于以下最大公称粒径(mm)的最小VMA及VFA技术要求							
		26.5	19		16		13.2	9.5	4.75
	2	10	11		11.5		12	13	15
	3	11	12		12.5		13	14	16
	4	12	13		13.5		14	15	17
	5	13	14		14.5		15	16	18
	6	14	15		15.5		16	17	19
沥青饱和度（%）			55~70		65~75			70~85	

表9 沙漠地区沥青混合料车辙试验动稳定度技术要求

气候条件与技术指标		相应于下列气候分区所要求的动稳定度(次/mm)								
七月平均最高气温及气候分区（℃）		>40			30~40			20~30		
		夏炙热区			夏炎热区			夏热区		
		0-1	0-2	0-3	1-1	1-2	1-3	2-1	2-2	2-3
普通沥青混合料		≥1 000		≥1 200	≥800		≥1 000	≥600		≥800
改性沥青混合料		≥2 400		≥3 000	≥2 400		≥2 800	≥2 000		≥2 400
SMA混合料	非改性	≥1 500								
	改性	≥3 000								

e) 浸水马歇尔和冻融劈裂试验

沙漠地区降雨量都在500mm以下，且蒸发量大，因此水稳性要求可适当降低。本标准在相关行业标准的基础上，提出了沙漠地区沥青混合料水稳性检验技术要求。具体技术要求见表10。

表10 沙漠地区沥青混合料水稳定性检验技术要求

		浸水马歇尔试验残留稳定度（%）
普通沥青混合料		≥70
改性沥青混合料		≥75
SMA混合料	普通沥青	≥70
	改性沥青	≥75

表10（续）

冻融劈裂试验的残留强度比(%)		
普通沥青混合料		≥65
改性沥青混合料		≥70
SMA混合料	普通沥青	≥70
	改性沥青	≥75

f) 低温弯曲试验

宜对密级配沥青混合料在温度-10℃、加载速率50mm/min的条件下进行弯曲试验,测定破坏强度、破坏应变、破坏劲度模量,并根据应力—应变曲线的形状,综合评价沥青混合料的低温抗裂性,其中沥青混合料的破坏应变不宜小于表11的要求。

表11 沥青混合料低温弯曲试验破坏应变技术要求

气候条件与技术指标	相应于下列气候分区所要求的破坏应变(μm)						
年极端最低气温(℃)及气候分区	<-37.0		-21.5~-37.0			-9.0~-21.5	
	冬严寒		冬寒			冬冷	
	1-1	2-1	1-2	2-2	3-2	1-3	2-3
普通沥青混合料	≥2 600		≥2 300			≥2 000	
改性沥青混合料	≥3 000		≥2 800			≥2 500	

g) 渗水试验

宜利用轮碾成型的车辙试验试件、脱模架起进行渗水试验,密级配沥青混凝土渗水系数不大于120mL/min,SMA不大于80mL/min。

h) 硅藻土改性沥青混合料

根据内蒙古地区硅藻土改性沥青和硅藻土改性沥青混合料的研究成果并参考云南对硅藻土沥青路面的研究,初步提出沙漠地区沥青路面专用硅藻土的技术要求(表12)和沙漠地区硅藻土改性沥青的技术指标(表13)。沙漠地区硅藻土改性沥青混合料试验技术指标见表14、表15。

表12 沙漠地区公路沥青路面硅藻土技术要求

指 标	要 求	指 标		要 求
外观	灰白色	筛余率		≤10%
pH	≥7.0	含水率		≤6%
硅藻土粒径	10~30μm	典型化学组成	SiO_2	≥80%
硅藻土含量*	≥80%		Al_2O_3	≤8%
堆积密度	0.3~0.5g/cm^3		Fe_2O_3	≤3%
杂质含量	≤7%		MgO	≤1%
比表面积*	≥35m^2/g			

注:表中"*"表示必须满足的指标。

表 13 沙漠地区硅藻土改性沥青的技术指标

试 验 项 目	硅藻土改性沥青的技术指标	备 注
针入度(100g,5s,25℃)(0.1mm)	小于相应基质 10 以上	基质沥青标号的选用和指标试验结果要符合相应规范要求
延度(5cm/min,25℃)(cm)	实测	
软化点(环球法)(℃)	大于相应基质 3 以上	
针入度指数 PI 值	大于相应基质 0.5 以上	
密度(15℃)(g/cm³)	大于相应基质	

表 14 沙漠地区硅藻土改性沥青混合料试验技术指标

试 验 项 目		试 验 指 标	
		高速、一级公路表面层	高速、一级公路其他层及其他等级公路
沥青与石料的黏附性(级)		≥4	≥3
浸水马歇尔试验(48h)残留稳定度(%)		≥80	
冻融劈裂强度比(%)		≥75	
马歇尔试验	稳定度(kN) 流值(0.1mm) 空隙率(%) 沥青饱和度(%) 残留稳定度(%)	①符合基质沥青要求 ②OAC(硅藻土改性)＞OAC(基质) ③VV(硅藻土改性)＜VV(基质)	
车辙动稳定度(次/mm)		①≥1 000 ②比基质沥青混合料提高50%以上	

表 15 沙漠地区硅藻土改性沥青混合料低温抗裂性试验技术指标

气候条件与技术指标	气候分区及相应的技术要求		
年极端最低气温(℃)及气候分区	＜-37	-21.5～-37	-9～21.5
	冬严寒	冬寒	冬冷
弯曲试验破坏应变 (-10℃,50mm/min)(με)	≥3 500	≥3 000	≥2 500

8.3.1.2 基层和底基层

a) 基层的作用

作为道路的主要承重层和面层一起将行车荷载的反复作用传布到底基层、垫层和路基;缓解

路基不均匀冻胀或不均匀体积变形对面层的不利影响;为面层施工机械提供稳定的行驶面和工作面。因此,基层应符合下列要求:

1) 具有足够的强度和稳定性,在冰冻地区还应具有一定的抗冻性;
2) 半刚性基层应具有较小的收缩(温缩和干缩)变形和较强的抗冲刷能力;
3) 表面平整、密实,拱度与面层一致,高程符合要求。

b) 基层的类型和适用范围

沙漠公路的基层和底基层可分为无机结合料稳定类(也称半刚性基层)和粒料类。

1) 无机结合料稳定类,包括水泥稳定类、工业废渣稳定类及固化剂稳定类。水泥稳定类包括水泥稳定砂砾、水泥稳定沙漠沙,前者可用作各级公路的基层,后者可用作各级公路的底基层和三级及三级以下公路的基层;工业废渣稳定类包括水泥粉煤灰稳定砂、水泥石灰黏土稳定砂、石灰粉煤灰稳定砂;水泥石灰炉渣稳定砂,可用作各级公路底基层和三级及三级以下公路的基层;固化剂稳定类包括 AUGHT-SET 固化剂、结构层固化剂(CL)、施工层用固化剂(CU)、沙土固化剂(NS)等稳定砂或砂砾,可用作各级公路的底基层,而固化剂(CU)则用于施工层。
2) 粒料类,分为嵌锁型和级配型。嵌锁型,包括土工格栅加固沙漠沙,可用作各级公路的底基层;级配型,包括级配砂砾和天然级配砂砾等。

c) 对材料的技术要求

对基层材料而言,沙漠地区重点考虑的是干缩和温缩问题,因此在满足路面结构层强度要求的前提下,主要达到预防和减少裂缝产生的目的。

当采用常规半刚性基层(在这里区别于无机结合料稳定砂)时,除应符合一般公路半刚性基层材料要求外,还应根据实际情况考虑采用以粗集料为主的骨架密实型结构,并严格控制水泥剂量。

当采用无机结合料稳定砂时,应采用合理的配比使之满足以下路用性能的要求。

1) 无机结合料稳定砂的温缩性能

大量试验研究表明,采用适当的配比时,无机结合料稳定砂与各种稳定骨架结构温缩系数接近,温缩性能明显优于其他无机结合料稳定细粒土。例如,水泥稳定碎石、二灰稳定碎石、水泥粉煤灰稳定碎石的温缩系数 a_f 的平均值基本在 $5.0 \times 10^{-6} \sim 15.0 \times 10^{-6}$ 内变化;水泥土、石灰土、二灰土的温缩系数 a_f 的平均值基本都大于 10×10^{-6}。内蒙古交通设计研究院等单位的研究表明,5 种无机结合料稳定砂 90d 龄期各温度区间温缩系数 a_f 的最大值在 $8.46 \times 10^{-6} \sim 12.8 \times 10^{-6}$ 内变化,温缩系数 a_f 的平均值在 $7.2 \times 10^{-6} \sim 10.57 \times 10^{-6}$ 内变化。具体试验结果见表16、表17。

表16 不同无机结合料稳定风积沙混合料28d温缩试验结果($10^{-6}/℃$)

编号	混合料名称	混合料配比	温缩系数		
			低温平均值	高温平均值	总平均值
1	水泥稳定砂	10.7:89.3	7.43	8.85	8.14
2	水泥粉煤灰稳定砂	7:14:79	6.95	8.93	7.94
3	水泥石灰黏土稳定砂	8:4:15:73	7.09	9.60	8.36

表 16（续）

编号	混合料名称	混合料配比	温缩系数		
			低温平均值	高温平均值	总平均值
4	二灰稳定砂	10:20:70	5.65	7.8	6.72
5	水泥石灰炉渣稳定砂	5:15:10:70	9.0	12.2	10.6

表 17 不同无机结合料稳定风积沙混合料 90d 温缩试验结果（$10^{-6}/℃$）

编号	混合料名称	混合料配比	温缩系数		
			低温平均值	高温平均值	总平均值
1	水泥稳定砂	10.7:89.3	8.82	10.92	9.87
2	水泥粉煤灰稳定砂	7:14:79	7.61	9.59	8.60
3	水泥石灰黏土稳定砂	8:4:15:73	9.53	9.89	9.71
4	二灰稳定砂	10:20:70	6.69	7.71	7.20
5	水泥石灰炉渣稳定砂	5:15:10:70	9.86	11.29	10.57

2) 无机结合料稳定砂的干缩性能

现有的研究成果表明，各种无机结合料稳定材料在最佳含水率下制成试件后，在空气中所达到的最大干缩应变 ε_d 见表 18。

表 18 各种无机结合料稳定材料的最大干缩应变 ε_d（$\mu\varepsilon$）

材料名称	水泥稳定土	水泥稳定砂	石灰稳定土	二灰稳定土	密实式二灰稳定砂	悬浮式二灰稳定砂
最大干缩应变（10^{-6}）	2 780~3 956	110~200	3 120~6 030	340~2 630	233~273	>827

各种无机结合料稳定风积沙在龄期 7d 时最大干缩应变 ε_d 变化范围为 $609.168\mu\varepsilon \sim 1\,438.120\mu\varepsilon$。各种无机结合料稳定风积沙平均干缩系数与龄期的关系如图 1 所示。

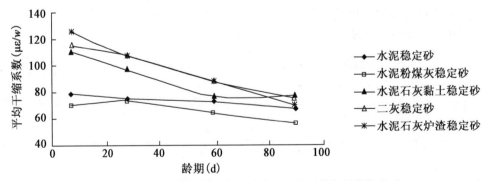

图 1 各种无机结合料稳定风积沙平均干缩系数与龄期的关系

各种无机结合料稳定风积沙 7d 龄期平均干缩系数如图 2 所示。

可见无机结合料稳定风积沙较各种稳定细粒土干缩性能好，稍差于稳定中粒土和粗粒土。

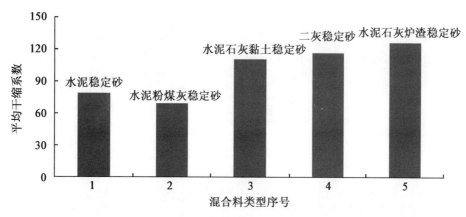

图 2　各种无机结合料稳定风积沙 7d 龄期平均干缩系数

3) 无机结合料稳定风积沙抗压强度要求

沙漠地区降雨量普遍较小，且蒸发量大。基层、底基层受水的影响相对较小，规范规定的饱水 1d 所得抗压强度过于保守，因此对强度要求可适当降低，无机结合料稳定风积沙材料 7d（其中饱水 1d）抗压强度要求见表 19。

表 19　无机结合料稳定风积沙 7d 抗压强度要求

混合料名称及推荐配比	公路等级				
	高速、一级	二级		三、四级	
	底基层	底基层	基层	基层	底基层
水泥稳定砂	10.7∶89.3	1.20	1.00	1.00	0.80
水泥粉煤灰稳定砂	7∶14∶79	1.20	1.00	1.00	0.80
水泥石灰黏土稳定砂	8∶4∶15∶73	1.50	1.20	1.20	1.0
二灰稳定砂	10∶20∶70	0.50	0.40	0.40	0.30
水泥石灰炉渣稳定砂	5∶15∶10∶70	1.80	1.50	1.50	1.20

4) 固化剂稳定类材料的抗压强度和抗冻性

AUGHT-SET 加固风积沙：4 种 AUGHT-SET 剂量（6%、8%、10%、12%）抗压强度试验结果见表 20，抗冻性试验结果见表 21。

表 20　AUGHT-SET 加固风积沙抗压强度试验结果

代　号	AUGHT-SET∶沙∶水	R_7 饱水/R_7 非饱水	R_{28} 饱水/R_7 非饱水	R_{90} 饱水/R_7 非饱水
A6	6∶100∶11.5	0.93/1.23	1.68/1.91	2.96/3.15
A8	8∶100∶11.9	1.54/1.96	2.37/2.67	3.93/3.97
A10	10∶100∶12.3	2.24/2.83	3.23/3.50	4.98/4.92
A12	12∶100∶12.7	3.02/3.66	3.92/4.30	5.30/5.56

从表 20 可以看出，随着 AUGHT-SET 剂量的增加，试件的抗压强度几乎按线性增大，随着龄期的增大，强度也明显增大。当 AUGHT-SET 剂量为 10% 时，无机结合料稳定砂强度能满足规范对二级公路基

层的要求。

从表21中数据可以看出,无论是短龄期,还是长龄期,AUGHT-SET加固风积沙都表现出很好的抗冻性能,甚至优于水泥加固砂,所以完全能够适应沙漠地区昼夜温差大、冬季干燥寒冷的严酷环境,满足公路基层在沙漠恶劣气候条件下的使用功能。

表21 AUGHT-SET加固风积沙抗冻性试验结果

混合料名称	龄期(d)	未冻融试件强度(MPa)	冻融试件强度(MPa)	抗冻系数(%)
AUGHT-SET加固风积沙(10%)	7	2.44	2.19	89.8
	28	3.23	3.05	94.4
	90	4.98	4.20	84.3
注:冻融试件测试时间都是在规定龄期的5d后。				

固化剂(CL)加固风积沙的抗压强度和抗冻性。CL为水泥和各种添加剂的混合物,CL加固风积沙的抗压强度和抗冻性试验结果见表22和表23。

表22 固化剂(CL)加固风积沙的抗压强度试验结果

龄期(d)	3	7	14	28
饱水强度(MPa)	1.32	2.90	3.35	3.82
非饱水强度(MPa)	1.14	2.70	3.40	3.90

从表22中数据可看出,CL加固风积沙无论是饱水还是不饱水抗压强度都较高,且初期强度增加很快,达到了加固风积沙的目的。

从表23中数据可看出,CL加固风积沙具有良好的抗冻性。从抗冻性能来说,本试验温度为－30℃,所以可以认为利用CL加固风积沙完全能够适应沙漠地区昼夜温差大、冬季干燥寒冷的严酷环境,满足公路基层在沙漠恶劣气候条件下的使用功能。

表23 固化剂(CL)加固风积沙的抗冻性试验结果

混合料名称	龄期(d)	未冻融强度(MPa)	冻融强度(MPa)	抗冻系数(%)
CL加固风积沙(15:85)	7	3.08	2.90	94.2
	28	3.82	3.60	94.2

沙土固化剂(NS)稳定砂砾或沙漠沙。沙土固化剂(NS)稳定砂砾或沙漠沙的7d抗压强度(湿养6d、浸水1d)要求见表24。

表24 沙土固化剂(NS)稳定砂砾或沙漠沙7d抗压强度(MPa)

公路等级	一级	二级	三级	四级
沙土固化剂稳定砂砾	1.9~2.4	1.5~1.9	1.3~1.5	1.2~1.4
沙土固化剂稳定沙漠沙	≥1.2	≥1.0	≥0.8	≥0.5

5) 土工格栅加固沙作为各级公路底基层时,对土工格室的技术要求为:土工格室规格20cm×20cm,加固沙层高15cm,上铺天然砂砾厚10cm。

土工格栅单元展开尺寸,沙漠二级公路以(4m~5m)×7.6m为宜,其他等级公路按其宽度参照此尺寸设计。土工格栅高度根据使用要求推荐尺寸为80mm～150mm,焊点间距以300mm～360mm为宜。

土工格栅材质强度及焊缝强度应达到以下要求：
- 常温下焊缝强度大于1 000N/100mm,拉开速度100mm/min；
- 高温(80℃)焊缝强度大于或等于800N/100mm,拉开速度100mm/min；
- 耐老化试验(2 400h)后,焊缝强度大于或等于900N/100mm,拉开速度100mm/min；
- 韧脆转变温度小于或等于 -30℃；
- 焊缝强度(86℃时)大于或等于1 000N/100mm；
- 脆化温度小于或等于 -30℃；
- 材料拉伸强度大于或等于22MPa；
- 耐温度老化试验(2 400h)后(-25℃, +100℃),材料拉伸强度大于或等于22MPa。

8.3.2 沙漠公路路面各类结构层最小厚度和适宜厚度

8.3.2.1 面层厚度

沥青路面的使用性能和耐久性与其厚度密切相关。一般沥青层混合料的一层压实最小厚度宜小于混合料公称最大粒径的2.5～3倍,以利于碾压密实,提高其耐久性、水稳性。各类结构层的最小压实厚度和适宜厚度应符合表25的要求。

表25 沥青混合料结构层的压实最小厚度与适宜厚度

名 称	沥青混合料类型	最大粒径（mm）	公称最大粒径（mm）	符 号	最小压实厚度（mm）	适宜厚度（mm）
密级配沥青混合料(AC)	砂粒式	9.5	4.75	AC-5	15	15～30
	细粒式	13.2	9.5	AC-10	20	25～40
	细粒式	16	13.2	AC-13	35	40～60
	中粒式	19	16	AC-16	40	50～80
	中粒式	26.5	19	AC-20	50	60～100
	粗粒式	31.5	26.5	AC-25	70	80～120
密级配沥青碎石(ATB)	粗粒式	31.5	26.5	ATB-25	70	80～120
沥青玛蹄脂碎石混合料(SMA)	沥青表处				10	10～30
	细粒式	13.2	9.5	SMA-10	25	25～50
	细粒式	16.0	13.2	SMA-13	30	35～60

8.3.2.2 基层或底基层厚度

基层或底基层的厚度,应根据交通量大小、材料力学性能、扩散应力的效果和压实机具的能力确定。各类结构层施工压实最小厚度与适宜厚度应符合表26的要求。

表26 各类结构层施工压实最小厚度与适宜厚度

结构层类型	压实最小厚度(mm)	适宜厚度(mm)
水泥稳定类	150	180～200
石灰稳定类	150	180～200

表26（续）

结构层类型	压实最小厚度（mm）	适宜厚度（mm）
石灰粉煤灰稳定砂	150	180～200
水泥粉煤灰稳定砂	150	150～200
水泥石灰黏土稳定砂	150	150～200
水泥石灰炉渣稳定砂	150	150～200
砂土固化剂稳定类	150	150～200
级配砂砾或天然砂砾	80	100～200

8.3.3 沙漠公路沥青路面结构组合设计

8.3.3.1 路面结构组合方案

根据调查，沙漠地区公路面层常用沥青混凝土、沥青碎石、沥青表处、沥青贯入式（主要是上拌下贯）等沥青类结构，基层采用常规的无机结合料稳定类材料、沥青类材料或粒料类材料。

a) 选用无机结合料类材料作为基层的沥青路面，简称半刚性基层沥青路面；
b) 选用沥青类材料作为基层的沥青路面，简称沥青类柔性基层沥青路面；
c) 选用粒料作为基层的沥青路面，简称粒料类基层沥青路面。

8.3.3.2 路面结构类型的选用

路面结构类型应根据公路自然区划、公路等级与使用要求、交通量及其交通组成，并考虑沿线水文、地质、筑路材料以及经济发展前景等因素进行选择。选择多个结构进行初期建设成本技术经济比较，必要时可进行寿命周期费用分析，论证确定路面结构类型。

各种结构类型在结构设计时应考虑的路面损坏类型和适用场合如下：

半刚性基层沥青路面：面层的反射裂缝和永久变形，基层和底基层的收缩裂缝和疲劳开裂。适用于各等级的交通和各等级公路。

沥青类柔性基层沥青路面：面层和基层的疲劳开裂和永久变形。适用于二级及二级以上公路。

粒料类柔性基层沥青路面：面层的疲劳开裂和各层的永久变形。适用于三级、四级公路及中等和轻交通公路。

8.3.4 结构设计时应采取的技术措施

对于沥青面层，在沥青层之间应洒布黏层沥青，加强各层之间的紧密结合，提高路面结构整体性，避免产生层向滑移；黏层沥青可采用乳化沥青、改性乳化沥青或热沥青。

在半刚性基层上应设下封层。

对于半刚性基层应采取减少低温缩裂，防止反射裂缝的措施。

对于水泥稳定类材料，必须做到3个限制：在满足设计强度的基础上，限制水泥用量，一般不大于5%；在减少含泥量的同时，限制细集料和粉料用量，合成级配中，0.075mm以下颗粒含量不宜大于4%；根据施工时的气候条件限制含水率，碾压时含水率不宜超过最佳含水率的1.0%。

设置改性沥青应力吸收膜、应力吸收层或铺设经实践证明有效的土工合成材料等。

对于粒料基层，在粒料基层表面应设置透层沥青，透层沥青应具有良好的渗透性能，可用液体沥青或乳化沥青。

8.3.5 沙漠公路沥青路面典型结构

内蒙古交通设计研究院有限责任公司提出了沙漠公路沥青路面典型结构，根据内蒙古自然区划，表

27 和表 28 为Ⅰ、Ⅱ、Ⅲ区(分别为呼伦贝尔沙地、泽善达克沙地和毛乌素沙地)沙漠公路典型路面结构。

8.3.5.1 典型结构适用范围

沙漠地区新建三级及三级以上公路沥青路面时,在设计年限内,一个车道上的累计标准轴载作用次数 $N_e>1\,800\times10^5$ 时,路面结构应另外设计。

8.3.5.2 关于典型路面结构的几点说明

a) 面层为15cm的沥青混凝土,采用3层(4cm+5cm+6cm)铺筑;面层为12cm的沥青混凝土,采用两层(4cm+8cm 或 5cm+7cm)铺筑;面层为7cm~12cm的沥青混凝土采用两层铺筑;

b) 高速公路、一级公路交通荷载大且温度条件严峻的地区,表面层可选用改性沥青混凝土面层,具体设计和施工时宜参考国内外有关技术标准和规范,或参考已有研究成果;

c) 沙基表面松散层,必须经过处理后方能进行底基层或基层施工。处理方法包括砂砾表面处理、石灰土处理或土工材料处理等,宜根据具体情况选用;

d) 推荐结构中的无机结合料稳定风积沙包括水泥稳定砂、水泥粉煤灰稳定砂、水泥石灰黏土稳定砂、二灰稳定砂、水泥石灰炉渣稳定砂。具体选用时根据各地实际情况确定;

e) 高速公路、一级公路砂砾丰富,碎石较少,因此基层、底基层选择集料时应优先选用砂砾,当砂砾级配等指标不满足基层、底基层要求时可考虑采用碎石;

f) 推荐结构的厚度单位cm;对应交通等级T6、T5的典型结构适用于高速公路,对应交通等级T5、T4的典型结构适用于一级公路。

表 27　Ⅰ、Ⅱ区沙漠公路典型路面结构

公路等级	交通等级	路面结构组合(结构层厚度单位为cm)	
高速公路、一级公路	T6	沥青混凝土(15) 水稳粒料(18) 水稳粒料(20~25)	沥青混凝土(15) 水稳粒料/二灰粒料(30~35) 天然砂砾(30)
		沥青混凝土(15) 水稳粒料(20) 石灰土/水泥石灰(+粉煤灰)土/二灰土(25~30)	沥青混凝土(15) 沥青稳定碎石(18~20) 级配碎石(35)
	T5	沥青混凝土(12) 水稳粒料(18) 水稳粒料(18~23)	沥青混凝土(12) 水稳粒料/二灰粒料(28~33) 天然砂砾(30)
		沥青混凝土(12) 水稳粒料(20) 石灰土/水泥石灰(+粉煤灰)土/二灰土(23~28)	沥青混凝土(12) 沥青稳定碎石(17~19) 级配碎石(35)
	T4	沥青混凝土(7~12) 水稳粒料(18) 水稳粒料(16~21)	沥青混凝土(7~12) 水稳粒料/二灰粒料(26~31) 天然砂砾(30)
		沥青混凝土(7~12) 水稳粒料(20) 石灰土/水泥石灰(+粉煤灰)土/二灰土(20~25)	沥青混凝土(10~12) 沥青稳定碎石(16~18) 级配碎石(35)
		沥青混凝土(7~12) 水稳粒料(20) 无机结合料稳定风积沙(30~35)	

表27（续）

公路等级	交通等级	路面结构组合（结构层厚度单位为cm）	
二级公路	T3	沥青混凝土(7~10) 水稳粒料/二灰粒料/水泥石灰粒料(18) 石灰土/水泥石灰(+粉煤灰)土/二灰土(20~25)	沥青混凝土(7~10) 水稳粒料/二灰粒料/水泥石灰粒料(20~25) 天然砂砾(30)
		沥青混凝土(7~10) 水稳粒料(20) 无机结合料稳定风积沙(25~30)	沥青混凝土(7) 沥青碎石(10~12) 级配粒料(30)
	T2	沥青混凝土/沥青碎石(3~6) 水稳粒料/二灰粒料/水泥石灰粒料(18) 石灰土/水泥石灰(+粉煤灰)土/二灰土(20~25)	沥青混凝土/沥青碎石(3~6) 水稳粒料/二灰粒料/水泥石灰粒料(20~25) 天然砂砾(20)
		沥青混凝土/沥青碎石(3~6) 水稳粒料(20) 无机结合料稳定风积沙(25~30)	沥青混凝土(5) 沥青碎石(10~12) 级配粒料(20)
三级公路	T2	沥青碎石(3~6) 水稳粒料/二灰粒料/水泥石灰粒料(15) 石灰土/水泥石灰(+粉煤灰)土/二灰土(15~20)	沥青碎石(3~6) 水稳粒料/二灰粒料/水泥石灰粒料(17~22) 天然砂砾(20)
		沥青碎石(3~6) 水稳粒料(15) 无机结合料稳定风积沙(15~20)	沥青碎石(3~6) 级配粒料(15) 天然砂砾(32)
	T1	沥青碎石(3~6) 石灰土/水泥石灰(+粉煤灰)土/二灰土(30~35)	沥青碎石(3~6) 无机结合料稳定风积沙(28~33)
		沥青表处(2.5~3) 水稳粒料/二灰粒料/水泥石灰粒料(15) 石灰土/水泥石灰(+粉煤灰)土/二灰土(15)	沥青表处(2.5~3) 水稳粒料/二灰粒料/水泥石灰粒料(15) 天然砂砾(10~15)
		沥青表处(2.5~3) 水稳粒料(15) 无机结合料稳定风积沙(15)	沥青表处(2.5~3) 级配粒料(10~15) 天然砂砾(15)
		沥青表处(2.5~3) 石灰土/水泥石灰(+粉煤灰)土/二灰土(20~25)	沥青表处(2.5~3) 无机结合料稳定风积沙(18~23)

表28 Ⅲ区沙漠公路典型路面结构

公路等级	交通等级	路面结构组合(结构层厚度单位为cm)	
高速公路、一级公路	T6	沥青混凝土(15) 水稳粒料(18) 水稳粒料(18~23)	沥青混凝土(15) 水稳粒料/二灰粒料(28~33) 天然砂砾(30)
		沥青混凝土(15) 水泥石灰(或电泥石)粉煤灰粒料(18) 石灰(或电泥石)粉煤灰粒料(20)	沥青混凝土(15) 沥青稳定碎石(18~20) 级配碎石(35)
		沥青混凝土(15) 水稳粒料(20) 石灰土(23~28)	
	T5	沥青混凝土(12) 水稳粒料(18) 水稳粒料(16~21)	沥青混凝土(12) 水稳粒料/二灰粒料(26~31) 天然砂砾(30)
		沥青混凝土(12) 水泥石灰(或电泥石)粉煤灰粒料(18) 石灰(或电泥石)粉煤灰粒料(18)	沥青混凝土(12) 沥青稳定碎石(17~19) 级配碎石(35)
		沥青混凝土(12) 水稳粒料(20) 石灰土(20~25)	
	T4	沥青混凝土(7~12) 水稳粒料(16) 水稳粒料(16~21)	沥青混凝土(7~12) 水稳粒料/二灰粒料(20) 无机结合料稳定风积沙(28~33)
		沥青混凝土(7~12) 水泥石灰(或电泥石)粉煤灰粒料(16) 石灰(或电泥石)粉煤灰粒料(16)	沥青混凝土(7~12) 水稳粒料/二灰粒料(24~29) 天然砂砾(30)
		沥青混凝土(7~12) 水稳粒料(20) 石灰土(18~23)	沥青混凝土(10~12) 沥青稳定碎石(16~18) 级配碎石(35)
二级公路	T3	沥青混凝土(7~10) 水稳砂砾/水泥石灰砂砾(18) 石灰土(18~23)	沥青混凝土(7~10) 水稳砂砾/水泥石灰砂砾(20) 无机结合料稳定风积沙(25~30)
		沥青混凝土(7~10) 水稳砂砾/水泥石灰砂砾(20~25) 天然砂砾(20)	沥青混凝土(7) 沥青碎石(10~12) 级配粒料(30)

表 28（续）

公路等级	交通等级	路面结构组合（结构层厚度单位为cm）	
二级公路	T2	沥青混凝土/沥青碎石(3~6) 水稳砂砾/水泥石灰砂砾(18) 石灰土(18~23)	沥青混凝土/沥青碎石(3~6) 水稳砂砾/水泥石灰砂砾(20) 无机结合料稳定风积沙(25~30)
		沥青混凝土/沥青碎石(3~6) 水稳砂砾/水泥石灰砂砾(19~24) 天然砂砾(20)	沥青混凝土(5) 沥青碎石(10~12) 级配粒料(20)
三级公路	T2	热拌沥青碎石(3~6) 水稳砂砾/水泥石灰砂砾(15) 石灰土(15~20)	热拌沥青碎石(3~6) 水稳砂砾/水泥石灰砂砾(16~21) 天然砂砾(20)
		热拌沥青碎石(3~6) 水稳砂砾/水泥石灰砂砾(15) 无机结合料稳定风积沙(15~18)	热拌沥青碎石(3~6) 级配砂砾(15) 天然砂砾(30)
		热拌沥青碎石(3~6) 石灰土(28~33)	热拌沥青碎石(3~6) 无机结合料稳定风积沙(20~25)
	T1	沥青表处(2.5~3) 水稳砂砾/水泥石灰砂砾(15) 石灰土(15)	沥青表处(2.5~3) 水稳砂砾/水泥石灰砂砾(15) 天然砂砾(10)
		沥青表处(2.5~3) 水稳砂砾/水泥石灰砂砾(15) 无机结合料稳定风积沙(15)	沥青表处(2.5~3) 级配砂砾(10~15) 天然砂砾(15)
		沥青表处(2.5~3) 石灰土(19~24)	沥青表处(2.5~3) 无机结合料稳定风积沙(20~25)

8.4 沥青路面厚度设计方法

8.4.1 设计标准

8.4.1.1 为控制路基路面结构的整体刚度,防止路面结构各层和路基在荷载作用下产生过大的变形,采用弯沉设计指标——路基路面结构表面在双圆均布荷载作用下轮隙中心处的实测路表弯沉值 L_s 小于或等于设计弯沉值 L_d，作为确定沥青路面结构厚度的设计标准，即:路面设计弯沉值 L_d 是表征路面整体刚度大小的指标,是路面厚度计算的依据之一。路面设计弯沉值应根据公路等级、设计年限内累计标准轴次、面层类型,按下式确定:

$$L_s \leq L_d \tag{3}$$

$$L_d = 600 N_e^{-0.2} A_c \cdot A_s \cdot A_b \tag{4}$$

式中：L_d——路面设计弯沉值（0.1mm）；

N_e——设计年限内一个车道上的累计标准轴次；

A_c——公路等级系数，高速公路、一级公路为1.0，二级公路为1.1，三、四级公路为1.2；

A_s——面层类型系数，沥青混凝土面层为1.0；热拌沥青碎石、乳化沥青碎石、上拌下贯或贯入式路面、沥青表面处治为1.1；中、低级路面为1.2；

A_b——路面结构类型系数，半刚性基层沥青路面为1.0，柔性基层沥青路面为1.6。

8.4.1.2 为防止沥青混凝土面层、半刚性材料基层、底基层的疲劳开裂，弯拉应力指标——沥青混凝土面层或半刚性材料层底面计算点的拉应力σ_m应小于或等于该层材料的容许拉应力σ_R，即：

$$\sigma_m \leq \sigma_R \tag{5}$$

式中：σ_R——路面结构层的容许拉应力（MPa），按下列公式计算：

$$\sigma_R = \frac{\sigma_s}{K_s} \tag{6}$$

式中：σ_s——沥青混凝土或半刚性材料的极限抗拉强度（MPa），对沥青混凝土，指15℃时的极限抗拉强度；对水泥稳定类的材料，指龄期为90d的极限抗拉强度，对二灰稳定类、石灰稳定类材料，指龄期为180d的极限抗拉强度（MPa）；

K_s——抗拉强度结构系数。

沥青混凝土面层：

$$K_s = 0.09 N_e - \frac{0.22}{A_c} \tag{7}$$

无机结合料稳定集料类：

$$K_s = 0.35 N_e - \frac{0.11}{A_c} \tag{8}$$

无机结合料稳定细粒土类：

$$K_s = 0.45 N_e - \frac{0.11}{A_c} \tag{9}$$

8.4.1.3 设计标准的选择

高速公路、一级公路、二级公路的路面结构，以路表回弹弯沉值、沥青混凝土层的层底拉应力及半刚性材料层的层底拉应力为设计指标；三级公路、四级公路的路面结构以路表面设计弯沉值为设计指标。

各路面结构的设计标准应符合表29的要求。

表29 不同路面结构类型的设计标准

结构类型	设计标准			检验指标
	路表面设计弯沉值	沥青混凝土层弯拉应力或拉应变	半刚性层弯拉应力	路表面弯沉计算值
无机结合料类基层沥青路面		+	+	+
沥青类基层路面Ⅱ型	+	+		+
粒料基层沥青路面	+	+		+

沥青类基层路面和粒料基层路面应以回弹弯沉值和整体性材料（沥青混凝土）的层底拉应力为设计指标。

设计时应先以设计弯沉值初定路面结构厚度，使轮隙中心处路表弯沉值L_s小于或等于设计弯沉值L_d。

根据初步计算确定的路面结构厚度，计算整体性材料（沥青混凝土、半刚性材料层）的层底拉应力，使轮隙中心或单圆荷载中心处的层底拉应力σ_m小于或等于材料的容许拉应力σ_R。

高速公路、一级公路和二级公路的半刚性材料基层的路面设计应以路表回弹弯沉值及半刚性材料基层、底基层和沥青混凝土面层层底拉应力为设计指标,设计时使轮隙中心或单圆荷载中心处的层底拉应力 σ_m 小于或等于容许拉应力 σ_R,据此确定路面结构厚度。

路面竣工验收时的路面弯沉值 L_α,以不利季节 BZZ-100 标准轴载作用下,轮隙中心处实测路表弯沉代表值 L_r 评定,应使:

$$L_r \leq L_\alpha \tag{10}$$

式中:L_r——实测每公里的弯沉代表值(0.01mm);

L_α——路面竣工弯沉值。

当以设计弯沉值为控制指标时,路面弯沉代表值应小于或等于路面的设计弯沉值;当以拉应力为控制指标时,应以最后确定的路面结构厚度和材料模量所计算的弯沉值作为路面竣工时的验收弯沉值。

8.4.2 设计参数

8.4.2.1 交通分析

采用重量为 100kN 的双轮组单轴轴载为标准轴载,以 BZZ-100 表示。

8.4.2.2 路面材料设计参数

路面设计中各结构层的材料设计参数按三个等级分别确定,不同公路等级在不同设计阶段时,材料设计参数确定方法宜符合表 30 的要求。

表30 材料设计参数确定

公路等级	第一等级	第二等级	第三等级
高速公路	施工图阶段当采用新材料时	初步设计阶段	工程可行性研究、初步设计阶段
一级公路	施工图阶段或采用新材料时	施工图阶段	工程可行性研究、初步设计阶段
二级公路	当采用新材料时	施工图阶段	工程可行性研究、初步设计阶段
三级公路	当采用新材料时		施工图设计阶段

第一等级为结构层材料的抗压回弹模量与弯拉强度,应现场取样实测。

第二等级为借鉴本地区已有的材料试验资料,或建立材料特性与抗压回弹模量、抗压强度、弯拉强度、弯拉回弹模量、抗弯拉强度及劈裂强度等的相关关系进行推算。

第三等级为取用规范提供的参考值。各级公路当采用新材料或新工艺时,必须进行材料试验测定材料设计参数。确定材料设计参数时,应考虑不同的应用场合:

a) 用于计算路表弯沉时,各层材料的抗压回弹模量应按式(11)计算其设计值:

$$E = \bar{E} - Z_\alpha S \tag{11}$$

b) 用于计算层底拉应力时,计算层各层的模量应采用式(12)计算其设计值:

$$E = \bar{E} + Z_\alpha S \tag{12}$$

式中:$\bar{E}$——各试件模量的平均值;

S——各试件模量的标准差;

Z_α——保证率按 95% 计,系数取 2.0。

土基回弹模量值应根据查表法(或现有公路调查法)、室内试验法、换算法等分析、论证,确定沿线不同路基状况的土基回弹模量设计值。

当路基建成后,应在不利季节实测各路段土基回弹模量代表值以检验是否符合设计值的要求。若代表值小于设计值,应采取翻晒补压、掺灰处理等加强路基或调整路面结构厚度的措施,以保证路基路面的强度和稳定性。

8.4.3 沥青混凝土面层和半刚性材料基层底面弯拉应力计算

计算层底拉应力采用弹性多层体系理论,层间接触条件为完全连续。双圆荷载作用下计算层底面的最大拉应力 σ_m,按下式计算:

$$\sigma_m = p \cdot \sigma_m \tag{13}$$

式中:σ_m——理论最大拉应力系数,$\sigma_m = f(h_1/\delta, h_2/\delta \cdots h_{n-1}/\delta, E_2/E_1, E_3/E_2, \cdots E_0/E_{n-1})$。

按层底拉应力设计时,宜以半刚性基层、底基层为设计层,取 $\sigma_m = \sigma_R$ 的厚度为设计厚度。

8.4.4 设计步骤

路面结构层所需厚度的确定,可参照下述步骤进行:

a) 根据设计任务书的要求,确定路面等级和面层类型,计算设计年限内设计车道的累计标准轴次和设计弯沉值及拉应力值。
b) 按路基土类型和干湿类型,将路基划分为若干路段,确定各路段的土基回弹模量值。
c) 可参考推荐结构,拟定几种可能的路面结构层组合与厚度方案。根据选用的材料进行配合比试验,并测定各结构层材料的抗压回弹模量和抗压强度,确定各结构层材料的设计参数。一般说来,设计时先选择某一层作为厚度设计层,拟定面层和其他各层的厚度。当采用半刚性基层和底基层结构时,可选任一层为设计层;当采用半刚性基层和粒料类材料为底基层时,应拟定面层和底基层厚度,以半刚性基层为设计层;当采用柔性基层和底基层的沥青路面时,宜拟定面层和底基层的厚度,计算基层所需厚度,当求得基层厚度太大时,可考虑选用沥青碎石或乳化沥青碎石作上基层,以减薄路面结构的总厚度,增加强度和稳定性。
季节性冰冻地区的高级和次高级路面,所拟定的路面结构组合和厚度方案应符合防冻层厚度的要求。
d) 根据设计弯沉值和弯拉应力值计算路面设计层所需的厚度。若不满足要求,可调整路面结构层厚度,或变更路面结构层组合方案,或调整材料配合比,以提高其强度,再重新进行计算。上述计算过程,可采用按弹性多层体系理论编制的专用设计程序进行。
e) 进行技术经济比较,确定采用的路面结构方案。

8.5 路肩设计

沙漠各级公路的路肩结构形式与厚度应根据使用要求按方便施工、节省投资及防风蚀等原则选用。对于高速公路和一级公路,路肩可采用硬路肩,对于其他等级的公路,可采用厚度10cm～15cm的天然砂砾,并在下部设置一道土工布。

土工布可采用聚丙烯编织布,质量要求见表31。

表31 聚丙烯编织布的质量要求

项 目	经向拉断力（N）	缝向拉断力（N）	延伸率（%）		单位面积质量（g/m²）
			经 向	纬 向	
标准值	650	350	15	15	85

9 路基和路侧工程防沙设计

9.1 概述

内蒙古境内的科尔沁沙地、浑善达克沙地、毛乌素沙地、乌珠穆沁沙地、库布其沙漠等地气候干燥、雨量少,年平均降水量为50mm～450mm,属于半干旱沙地和干旱沙漠。这种地区路基设计的重点是综合防沙设计,主要包括总体防治布置、路基横断面设计、路基和路侧防沙设计等。

必须贯彻防沙害为主、防治结合、因地制宜、就地取材,先治标、后治本,标本兼治的原则。

尽可能与当地的治沙规划相结合;根据风沙危害的方式与状况采取"阻、固、输、导"相结合的综合措施,建立"经济、合理、有效"的完整防沙体系。

应综合考虑防沙工程养护,包括养护的管理模式、养护水平、难易程度、费用大小、年限及防沙材料的重复利用等。

应注意新技术、新材料及新方法的引进和运用。

防沙工程设计应在正常的施工及养护水平下,能保证公路在设计使用年限内基本正常运营。

9.2 防沙工程体系的配置原则

9.2.1 防沙工程设计必须有总体布置,使路侧各种防沙措施形成一个完善的综合防护体系,综合防护体系的宽度和耐久性应根据公路的重要程度进行合理确定。

总体布置时,应尽量利用自然状态下已有的各项有利因素,再根据风沙活动特征、输沙量、地形、防护材料性质及公路等级和使用要求等确定需要采取的各种人工措施的范围和部位。

9.2.1.1 防沙工程应根据不同风沙地区、气候和沙漠类型及特点进行设计。

在风沙流较严重的过干沙漠或流动沙漠地区,除对路基本身进行防护外,应在路基侧建立完善的防沙体系,包括整平带、防护带和植被保护带,并采用工程防沙或化学固沙措施。但在丘间地地下水水位较高或有引水灌溉条件的地方,均可以植物治沙为主,营造防沙林带。

在多风向地区或单一风向地区,道路走向与主风向夹角 $a > 60°$,机械固沙带、化学固沙带、生物固沙带都应在固沙带边缘以外设置高立式沙障。

在单一风向地区,如果道路走向与主风向夹角 $a > 60°$,道路现风向一侧可不设计高立式沙障。同时固沙带的宽度为15m～20m为宜;而道路迎风一侧可设置两道高立式沙障阻沙,两道沙障之间的距离取 $10H \sim 15H$(H为外侧一道沙障的有效高度)。

输沙断面区不设置沙障。

固沙带视流沙裸露状况,可采取全封闭、斑状封闭沙障进行固沙,同时配以高立式阻沙沙障。

9.2.1.2 对于水、汽条件稍好的干旱沙漠或半固定沙漠地区,应采用工程和植物防治相结合的措施,植物固沙应以灌木和半灌木为主。

9.2.1.3 在水、汽条件好的微湿和半干旱草原地带、半干旱沙漠或固定沙漠地区应以植物治沙为主、工程防沙或化学固沙为辅,植物治沙宜采取乔、灌、草相结合。

9.2.1.4 防沙工程设计应根据不同的危害类型,采取对应的措施。

a) 路基风蚀

在需要防止风蚀的路段,应将路基表面进行封固,并保持平顺。

b) 路面积沙

1) 风沙流积沙,应在路基附近分别采用"固"、"阻"、"导"措施或其中某些措施的结合,防止风沙流的出现。也可在清除路基附近的一切障碍后,采取"输"的方法,以合理的路基断面形式,增加风沙流的输沙能力,使风沙流得以顺利地从路上吹过。

2) 沙丘前移,应采取"固"、"阻"措施加以控制,既阻止沙丘前移,又防止风沙流出现;也可"阻"、"导"与"输"措施结合,以"阻"或"导"来控制其前移,并将沙丘前移化解为风沙流运动,当沙丘较小时,可将其运走或推平;以"输"的方法,使风沙流得以顺利从路上吹过。

9.2.2 防沙工程总体布置

完善的防沙体系除路基本身必要的防护外,一般应在路基两侧设整平带、防护带和植被保护带,具体布置视不同的沙漠类型和地段而定。

a) 流动沙丘地段。当路线位于与主导风向成45°～90°相交的大面积流动沙丘地段，路基两侧均设置10m～20m的整平带，该地带内的一切障碍均应运走或推平，以使挟沙风顺利通过路基。整平带外侧为防护带，宽度一般为500m以上，或视当地情况而定。原则上应采取植物固沙与工程防治相结合的措施，以便在工程防治设施失效后，由植物防护发挥作用。当无植物固沙条件时，工程设施即作为永久性防治手段，须经常加以维护。对此种情况也可考虑"输"、"阻"措施。

防护带外侧为植被保护带，其宽度在路基上风侧宜为400m～600m，在下风侧宜为200m～300m，植被保护带内的植物应严加保护，禁止伐垦和放牧。

当主导风向与路线的交角小于30°时，可适当减少路基防护带的宽度。

b) 流动沙地地段。当路线位于主导风向成45°～90°相交，且流动沙地地形较为平坦开阔时，路基宜采取缓边坡的路堤或路基输沙断面，以便于过境沙顺利通过。路基上风侧宜有适当宽度的输沙带。防护带内设置带状隐蔽固沙设施，以保护风能稳定，不使过境风沙流达到饱和状态。防护带的宽度在路基上风侧为100～150m，下风侧不应小于50m。

当主导风向与路域的交角小于30°时，宜采用一般路基断面形式，可适当减少路基防护带宽度。

c) 半固定沙丘地段。当路线位于主导风向的交角大于30°或垂直的半固定沙丘地段，应将整平带原有的突起物（包括灌丛）夷平，以免积沙威胁路基，整平带的宽度为10m～20m。对于防护带内的局部流沙，应采取工程防治与植物固沙相结合的措施，并保护和利用原有植被，以彻底根治流沙。防护带的宽度在路基的上风侧不应小于300m，在下风侧不应小于100m。在植被保护带内严禁乱砍、乱伐及乱垦，以通过自然繁殖逐步改变原有植被状况。植被保护带的宽度在路基上风侧应大于500m，下风侧则应大于200m。

主导风向与路线平行时，可不设防护带，但仍保留整平带和植被保护带。

d) 固定沙丘地段。路基两侧仅设植被保护带，带内植物要严加保护，以免风沙再起。保护带宽度在路基上风侧宜为300m～500m，在下风侧宜为100m～200m。

9.2.3 防沙工程设计

9.2.3.1 固沙设计

固沙措施的作用在于稳定沙地表面，抑制流沙活动。固沙措施很多，各有各的优缺点及一定的使用条件，设计时可依据当地的自然状况、材料来源与品质、施工条件、管养水平与难易程度、经济成本等选定下列一种或几种措施。

a) 植物固沙

1) 植物固沙的作用

植物固沙是防止沙害的根本措施，不仅可以减低风速，削弱和抑制风沙流活动，而且由于沙生植物具有发达的根系，还能固结其周围的沙粒，加之枯枝落叶的堆积，有利于有机质的聚积，促进沙的成土作用，改变沙地性质，使沙流趋向固定。植物起到全面固沙作用后，比任何工程防护措施都更为优越有效，有条件时应优先采用。

植物固沙有种草、种灌木和种乔木3种。理想的植物固沙是采用草、灌木和乔木相结合的方法，取长补短，以达到最好的效果。草类能适应比较恶劣的自然条件，易于生长，但寿命不长；灌木在沙地的适应性能强，生长较低矮，枝条密集，根系发达，既能固定就近沙面，又能阻挡外来沙源，是防风沙的先锋；乔木在沙地内需有很好的水分和养分条件才能成活生长，但其枝干高大，防风能力很强。

2) 植物固沙的条件

植物固沙的条件较多,特别是植物立地条件、植物种类选择、合理的植物结构搭配和种植方式、灌溉措施和管理方法等都是重要因素。只有结合当地条件进行全面的调查、分析和研究后,才能确定能否采用,最终达到预期的效果。

立地条件指植物生长和发育的环境条件,包括沙丘类型、起伏程度及其移动特征、沙地下伏地层结构及地下水情况等,沙层内的含水率及干沙层的厚度、当地降水量及地表径流情况,地下水水位及沙地盐渍化程度,沙地植物的分布、生长情况及其演变规律等等,其中很重要的是水分。根据沙地栽植经验,若沙层内有含水率不小于2%的常年稳定湿沙层,则可保证耐旱的草、灌木成活生长。此外,沙层中的有机质及盐分含量、温度及通风条件也都影响植物的成活生长。

植物种类的选择是植物固沙成败的关键,固沙植物应选择分枝多、树冠大、根系发达、耐旱、耐盐碱、耐贫瘠、耐风沙、固沙能力强、发芽迅速的乡土植物种。也可引进适合本地的树种。更重要的是根据不同的立地条件选择适当的树种。

草原及干草原带内的沙地,宜乔、灌、草结合,按比例种植乔、灌、草。因为乔木过多可能会出现生长不良或早衰现象。草原带内的沙地可选种夏蒿、黄柳、山竹子作为先锋植物,后期植物可选种胡枝子,小叶锦鸡儿、樟子松、油松;干草原带内的沙地可选种沙柳、杨柴、油蒿作为先锋植物,后期植物可选种小叶锦鸡儿。

荒漠草原及荒漠带内的沙漠,宜灌、草结合,栽植乔木需灌溉,并辅以一定的工程措施。荒漠草原带内的沙漠可选种油蒿、花棒、沙拐枣作为先锋植物,后期植物可选种柠条。有灌溉条件时,可选种沙枣、二白杨等,且需设置沙障保护种子和幼苗。荒漠带可因地制宜选种白梭梭、梭梭柴,有灌溉条件时可选种二白杨、胡杨、沙枣、沙拐枣、黄柳、沙柳、沙木蓼等。

3) 防护规划

——公路两侧防沙林带宽度

林带宽度主要根据风沙流活动强度和沙丘移动特征来决定。一般情况下,在路基迎风一侧的宽度为200m~300m,背风侧的宽度为50m~100m。在单一风作用的地区,背风侧的林带可不设。

为根治沙害和保护固沙林带,还须在两侧防护带之外划出植被保护带。

——林带防护结构或种植方式

林带结构与防风固沙作用密切相关,其结构形式或种植方式可分为紧密结构或密植方式,但株行距一般不小于1m,成林后间伐。这种方式形成的林带透风系数较小,具有较大的阻沙作用;另一种为稀疏结构或稀疏种植方式,其透风系数较大,风沙流通过的速度逐步消减,可使风沙流中的沙粒较均匀地分布在整个林带内。具体布置时最好将紧密林带安排在靠近路基的两侧,一般迎风侧为100m,背风侧为50m,在其外缘则布置稀疏林带,采用稀疏种植方式。

防护结构应采取多种植物混交并坚持灌木为主的方式,可先草后灌或草灌结合;条件较好地段也可乔、灌、草结合,采取合理的株距、行距、密度、混交方式(带状混交、行间混交或株间混交)。

4) 工程范例——最新造林试验

——研究区自然概况

研究区位于腾格里沙漠东南缘的月亮湖公路沿线。月亮湖公路自东向西进入腾格里沙漠,属阿左旗巴润别立镇,是通往月亮湖旅游区的唯一通道。公路沿线地势自东向西渐低,公路两侧流动沙丘分布密集,流沙形态以新月形沙丘链和纵向沙垄为主。

研究区海拔高1 200m~1 400m,属温带大陆性干旱气候,降水稀少、空气干燥、风沙天气频繁为其主要特点。年平均气温为8.3℃、≥10℃年有效积温3 000℃以上,持续期160d,年日照时数3 316h,年均降雨量147mm,降雨量年间变化率大,80%集中于6月中旬至9月中旬,年蒸发量3 200mm左右,年均风速4.2m/s,大风扬沙日数80d/年~90d/年,沙暴日数16d/年~25d/年,多发生于4月至6月,风向以西北风为主,沙丘总体自西北向东南移动。研究区土壤以风沙土为主,盐碱含量较高,PH达9.5左右,机械组成以中细沙为主,矿化度为2.69,孔隙度40%~42%,渗透性强,有机质含量0.5%以下,养分含量较少,肥力低下,不利于植物生长。区内自然植被稀疏,植被覆盖度小于5%,主要植物种类有籽蒿、沙米、沙竹、白刺等。

——树种

选用干旱荒漠地区适宜树种花棒、沙拐枣、梭梭、柽柳、柠条、沙枣、国槐、榆树、新疆杨和引进种沙柳、章河柳、垂柳等12种。

——种植地点和所用树苗

丘间低地、沙丘迎风坡、坡顶、落沙坡脚等不同部位,栽植沙柳、沙拐枣、梭梭、花棒等沙生灌木,调查其当年造林成活率、翌年保存率及新梢生长量、冠幅、枝高等生长状况指标,比较不同植物种类对不同立地条件的适应性。

在平坦沙地上选用上述12种乔、灌木进行不同混交方式的造林试验。

——固沙效果

丘间低地和沙丘迎风坡固沙效果见表32。

表32 丘间低地和沙丘迎风坡固沙植物生长状况

植物种	立地类型	土壤含水率(%)	成活率(%)	翌年保存率(%)	新梢(cm)	冠幅(cm×cm)	高(cm)
沙柳	丘间低地	26.73	37	62.0	84	66×66	84
	迎风坡	3.69	23	30.4	56	44×21	61
花棒	丘间低地	26.73	76	97.0	98	102×67	105
	迎风坡	3.69	79	98.7	94	84×96	94
沙拐枣	丘间低地	26.73	88	99.0	177	138×137	177
	迎风坡	3.69	86	95.3	111	106×99	111
梭梭	丘间低地	26.73	76	94.7	51	54×60	80
	迎风坡	3.69	78	92.0	43	38×37	54

从表32中数据可以看出,丘间低地和沙丘迎风坡的土壤水分有很大差异;四种固沙植物的成活率、保存状况差异大,花棒、沙拐枣、梭梭分别达75%和90%以上,而引进树种沙柳表现不佳,不适合本地区栽植;丘间低地水份条件好,植物生长状况较迎风坡好。落沙坡脚、迎风坡、坡顶等沙丘不同部位的植物生长状况见表33。

表33 沙丘不同部位混交植物生长状况

植物种	沙丘部位	平均株高(cm)	新梢生长量(cm)	冠幅(cm×cm)	株行距(m×m)
花棒	落沙坡脚	83	82	80×79	1×2
	迎风坡	76	77	61×68	2×2
	坡顶	74	79	78×54	2×2

表33（续）

植 物 种	沙丘部位	平均株高(cm)	新梢生长量(cm)	冠幅(cm×cm)	株行距(m×m)
沙拐枣	落沙坡脚	162	158	129×136	1×2
	迎风坡	80	84	90×88	2×2
	坡顶	139	143	114×120	2×2
梭梭	落沙坡脚	47	43	59×53	1×2
	迎风坡	26	24	27×18	2×2
	坡顶	40	38	51×43	2×2

由表可见，沙拐枣、梭梭在落沙坡脚、丘间低地生长旺盛，在迎风坡较差；花棒在迎风坡虽经受风蚀，多呈匍匐状覆盖于沙面，但对生长影响较少，沙埋后仍能生长旺盛，故对栽植部位的要求不严。

平坦沙地固沙植物生长状况见表34。

表34　平坦沙地固沙植物生长状况

植 物 种	新梢生长量（cm）	冠幅（cm×cm）	株高（cm）	成活率（%）	翌年保存率（%）
新疆杨	136	124×109	300	91	77.5
垂柳	98	152×116	230	94	54.6
章河柳	132	152×126	245	84	45.2
国槐	138	162×157	260	100	85
白榆	94	90×102	260	88	92
沙枣	46	48×56	92	88	—
沙拐枣	177	138×137	177	88	98
花棒	98	102×67	105	76	97
柠条	46	35×32	73	92	96.7
梭梭	51	54×60	80	76	97.4
沙柳	84	66×61	84	37	81.1
柽柳	80	46×52	116	87	100

由表34可见，乔木树种白榆、国槐、新疆杨生长表现良好，保存率达75%以上；垂柳、章河柳（抽干后由根部或中部萌发）虽当年生长较快、成活率高，但翌年保存率较低，仅为54.6%和45.2%，不适于本地区沙地种植；沙枣生长良好，适应于当地生长，但由于鼠、兔极喜食，严重影响翌年地上部分生长，造成其保存率较差。

灌木中沙拐枣、花棒、柽柳、梭梭、柠条生长成活状况良好，只有沙柳成活率仅为37%，不适于本地区沙地栽植。其他5个品种成活率均在70%以上，可作为固沙植物优良品种，尤其是沙拐枣，当年新梢长度可达177cm，冠幅138cm×137cm，可作为固沙先锋树种。

平坦沙地植物带状栽植与块状栽植的效果见表35，其中带状栽植以两行为一带，株行距为1.5m×1.5m，带间距3m；块状栽植的株行距为1.5m×1.5m。

表35 带状、块状栽植对植物生长状况的影响

树 种	栽植方式	成活率(%)	翌年保存率(%)	新梢生长量(cm)	冠幅(cm×cm)	株高(cm)
沙拐枣	带状	86	98	168	124×107	167
	块状	85	84	144	103×84	114
花棒	带状	77	97	96	101×75	101
	块状	78	86	94	98×82	96
柠条	带状	90	96	47	34×31	71
	块状	88	90	48	32×30	76
梭梭	带状	76	93	50	52×58	77
	块状	79	74	49	53×42	71

由表35看出,带状、块状栽植的植物成活率相差不大,无法断定哪一种方式优越,这主要是成活率的高低受苗木质量和栽植技术的影响较大,但从翌年保存率和株高、冠幅、新梢生长量看,均以带状栽植为最佳。而块状栽植试验地的植物种在第2年时出现自疏死亡现象,成活的植物则较为繁茂,自然形成不规则的带状。由此可见,带状栽植符合各沙生植物生长规律,能满足植物生长所需的营养面积需求,同时可减少水分竞争,形成稳定的群落。

不同植被类型防风固沙效果比较如图3所示。由图可见,乔灌草型植被降低风速的比例是灌草型植被的1.23倍、纯草型植被的4.8倍。植被覆盖度小于40%时,乔灌草型植被降低风速的比例是灌草型植被的1.17倍、纯草型植被的3.74倍。覆盖度在60%以上时,乔灌草型植被降低风速的比例是灌草型植被的1.09倍、纯草型植被的2.19倍。由此可见,就3种植被类型的防风效果而言,乔灌草型植被防风效果最佳,但在干旱区,由于水分条件较差,在建立公路植物防沙体系时,主要应以灌草型植被为主,在具备管理条件下,可采用乔灌草型植被。

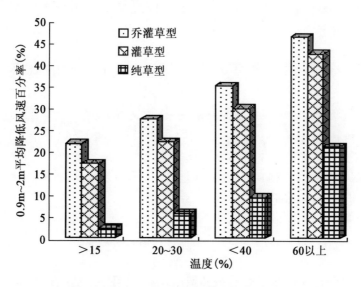

图3 不同植被类型防风固沙效果随度的变化

b) 固沙效果比较

不同类型的植被其垂直结构不同,对近地层风沙活动的影响也不同,以30cm～200cm高度层内平均输沙量作为衡量3种植被类型固沙效果的数量指标可以发现,总的变化趋势是输沙量随着覆盖度的增加而减少,但植被类型不同、对输沙量的影响不尽相同。同一覆盖度,纯草型

输沙量最大、乔灌草型最小,以大于15%植被覆盖度为例,纯草型植被的输沙量是乔灌草型的输沙量的1.63倍,是灌草型植被的1.49倍。覆盖度为20%～30%时,纯草型植被的输沙量分别是乔灌型、灌草型的2.4倍和2.71倍,覆盖度小于40%时,分别是5.13倍和2.66倍,当覆盖度增大到60%以上时,纯草型植被的输沙量分别是乔灌草型和灌草型的25.11倍和22.01倍。这就说明,覆盖度越大,乔灌草型植被的固沙效果越好,灌草型稍逊。和乔灌草型和灌草型相比,纯草型的固沙效果相对较差。

c) 沙障固沙

沙障固沙的作用在于稳定沙地表面,抑制流沙活动,沙障固沙可分为平铺式和立式两类,立式沙障又分为低立式和高立式两种。

1) 平铺式沙障

利用柴草、黏性土、砾石或其他材料,平铺于沙面上,可以防止风蚀。多用于路基两侧沙面的防护。

——柴草类平铺式沙障

层铺防护采用麦秸、稻草、苏丹草、沙蒿、野麻、芦苇或其他草类,以层铺形式覆盖沙面,层厚5cm～10cm。

平铺植物束或芭块采用各种枝条、芦苇、芨芨草等,扎成束把或织成芭块,以平铺形式覆盖沙面。

平铺或叠铺草皮时,柴草类沙障材料用量大,一般使用3年以上需修补或重设,再加上沙漠地区这种材料较为缺乏,往往需从数百公里以外的地方采购,运距远、成本高。

——土类平铺式沙障

黏性土覆盖沙面(黏土沙障)适用于沙丘微起伏的地区,覆盖前应平整沙面,所用土的塑性指数应大于7,覆盖厚度在迎风坡及丘顶为5cm,背风坡及丘间地10cm。为增加覆盖层的抗冲蚀强度并避免干裂,可掺10%～15%的沙或20%～30%的砾石(体积比)。

砂砾石覆盖沙面(砾石沙障),厚度5cm～10cm,以平铺或格状形式覆盖,后者先用10cm以上的砾石在路基边坡上做成1m×1m或2m×2m并与路肩边缘成45°的方格,然后再于格内铺粒径较小的砾石。

2) 低立式沙障

低立式沙障一般为防护工程中的主体,材料用量大,就近取材时应注意不要破坏原有的生态平衡。这种沙障的外露高度以10cm～20cm为宜,距离路基应大于20m。

草方格或条带状沙障的扎制主要采用具有柔性的麦秸、稻草、苏丹草、压碾改性芦苇等;草方格规格以1m×1m(路基两侧的固沙带)和1m×0.5m(路肩及边坡)为宜。在丘顶等强烈风蚀部位也采用1m×0.5m规格。

在主导风向明显或风向单一的流沙地区,可采用条带状沙障,沙障走向必须与主导风向垂直,间距小于0.8m。

3) 沙袋沙障

沙袋沙障固沙选用抗老化编织土工布,该材料具有抗老化、密度小、耐酸碱、耐腐蚀、强度高等优点。沙袋沙障可分为有鳍和无鳍两种。

有鳍沙障在制作沙袋时,接口处预留出8cm,在第一造缝线外侧每隔1cm增加一道缝线,共增加三道,以增强鳍底部的刚度。在长桶形有鳍沙障的基础上,将缝线以上的编织布横线抽出,使其发挥类似于麦草沙障的作用。对风产生扰动,在袋内装满沙,袋直径分别为5cm、10cm、12.25cm。

用有鳍沙障组成的带状沙障,其带距为1m时,防风效果最好(适用于风向单一地区)。有鳍与无鳍沙障按50cm、100cm及200cm的间距带状排列时,间距为50cm时:有鳍沙障的相对固沙能力略高于无鳍沙障;间距为100cm时,则相差40%左右;间距为200cm时,相对固沙能力均为50cm时的50%左右。

4) 格状沙袋沙障

格状沙袋沙障固沙是把有鳍沙障设为主带,无鳍沙障设为副带的方格沙障,以1m×1m方格沙障防风效果最好。随着沙障规格的加大,其风速降低率和粗糙度逐步降低。这种沙障适用于多风向地区。

5) 土工方格沙障

在上风侧流动沙丘上设置,其规格以1m×1m沙障防沙效果最好。

d) 化学固沙

用化学合成材料均匀喷洒沙面,使之形成固结层。这种方法的优点是最大程度地体现就地取材、以沙治沙,施工简便,固沙立竿见影。缺点是阻沙作用差,没有防护高度,对于过境风沙流无作为,故应与阻沙措施结合起来使用。

化学固沙材料主要有乳化原油、乳化沥青、高矿化度盐水、高分子聚合物、土壤凝结剂等。

沙埂沙障固沙技术是常用的化学固沙法之一。实际操作时先用刮耙将流沙耙成各种规格的沙埂,一般底宽30cm~40cm,高15cm~25cm,截面为等腰三角形,然后用土壤凝结剂喷洒固结。沙埂表面形成界壳,或筑成沙子方格沙障。垄底宽30cm,高15cm~20cm,规格为1m×1m,垄上喷洒30%浓度土壤凝结剂,结皮厚度1.5mm~2.0mm,设置于迎风坡。

沙埂沙障还可与植物固沙结合起来使用,在所设置的沙埂沙障或方格沙障中种植各种植物。

9.2.3.2 阻沙设计

阻沙设计的目的是拦截风沙和限制积沙移动。阻沙沙障一般可分为墙式、堤式、栅式、带式和防风林五类,适用于沙源极为丰实的流沙地区。阻沙沙障须布置在距路基迎风侧100m以外,一般设置在沙丘顶部,沙障越高,间距越大,与主导风向正交时,阻沙效果好。有条件时,应栽种乔、灌结合的密集防风林,形成永久阻沙体系。

a) 设计依据

设计时要根据当地的自然状况(包括风况、风沙流程度等),材料类型、品质、来源,施工条件,管养水平,管养难度,费用等综合确定。

b) 设计要点

确定合理的阻沙沙障类型、制作材料、设置形式及布设数目。

确定阻沙沙障的制作方法,应考虑其稳固性,即在沙面上阻沙沙障应能抵御八级大风或当地最大风力,而不全线倒伏。

应考虑沙障的定期拔高或重设及固沙材料的再利用问题,尤其是外侧来沙较多,积沙在短期内就能达到饱和之处。

c) 阻沙栅栏的设置

防沙栅栏材料可选用具有一定强度的天然植物枝条、秸秆、人工防沙网。阻沙栅栏结构以疏透型为宜,植物秸秆、枝条、竹片等天然材料编制的栅栏,其疏透度应以30%~50%为宜,利用工厂生产的防沙网做栅栏时,网目以16目~22目为宜。

防沙沙障设置地点应在防护带外围,主要用于阻挡外侧来沙,并将沙丘的前移运动转化为较弱的风沙流活动;与固沙带边缘之间应留有5H~10H（H为栅栏外露高度）的空留带,用于堆积外侧来沙。

1) 阻沙沙障布设方向

当与沙丘运动方向垂直时,宜选择沙丘脊,在距沙丘脊线1m~1.5m的迎风坡顶上。

当与沙丘运动方向近于一致时,阻沙沙障应沿沙丘迎风坡横向较高处至坡顶,然后直穿落沙坡,以使其在落沙坡处的延伸尽量地短。

在沙丘密集、地形起伏较大的地区,阻沙沙障不能按直线布设,而应适当调整,可偏离直线,以使阻沙沙障一直处在相对较高处,充分发挥其阻沙的功能,加速人工阻沙堤的形成。

阻沙沙障只能纵向直穿沙丘落沙坡,即顺沙丘落沙坡倾向方向穿越,不应斜向穿越,严禁横向穿越。

局部风沙流活动较强烈的地区,应考虑设两道阻沙沙障,其间距不应大于所防御沙丘的最大尺寸。

2) 阻沙沙障的构造

阻沙沙障外露高度以1.2m~1.7m为宜,当被沙埋至外露高度仅剩40cm时,应将其拨起或原地重设,以恢复其阻沙功能。

固定立桩间距,地形平坦时为4m~6m,地形起伏较大时,加密至2m~4m。

固定立桩的埋入深度一般为40cm~50cm,其两侧宜用衔于栅栏并与立桩呈45°左右夹角的牵引铁丝拉紧。

在风蚀强烈部位,栅栏两侧应扎制2~3道草方格(1m×1m)固沙,以防掏蚀。

9.2.3.3 输沙设计

输沙措施的目的是通过增强风力或改变地表性质,使过境流沙顺利通过路基而不产生堆积。输沙设计应从路基设计本身,包括路基横断面设计、路堤合理高度、路堑合理深度、路肩硬化和边坡防护等方面考虑。还可从外部采取适当措施,如浅槽输沙、浅槽和风力堤输沙、聚风板输沙等。

a) 浅槽输沙

这种方法是利用路基上风侧的边坡设置宽度 L 与 H 之比 L/H 为10~25的弧形浅槽,浅槽的深度为1.0m~2.5m。槽的下风侧与路基相互平顺衔接,且槽的表面用土石类封闭。这种措施可借助浅槽的气流上升力和路基面风速的加强来达到路基输沙目的,适用于平坦的流动沙地和风沙流地区,以减少风沙流对路基的危害。

b) 浅槽与风力堤综合输沙

这种方法是在浅槽的上风一侧与邻近的流动沙丘之间,再设一个风力堤。风力堤顶要比邻近沙丘高出0.3m~0.5m,以造成一个吹扬地带;堤顶要设成流线型,风力堤的迎风坡一般以1:4为宜。风力堤的表面亦应封闭,迎风面的封闭厚度为5cm~10cm,背风面的封闭厚度为3cm~5cm。这种综合措施适用于路线与主导风向交角为45°~90°情况下路段的流动沙丘。

9.2.3.4 导沙设计

当路线与主导风向为25°~30°斜交时,风沙容易在路线附近堆积。为了让沙堆积到对路基无危害的地方,可在路基的迎风侧50m~100m以外设置导沙措施,借助风力的作用,改变风沙流或沙丘的移动方向。导沙措施如下:

a) 导沙墙:土墙、石墙、柴草墙等;
b) 导沙板:木板、笆块等。

9.3 工程与植物综合防沙技术

9.3.1 在水气条件稍好的半干旱沙漠或半固定沙漠地区,应采用工程和植物防治相结合的综合防沙技术。

首先用工程措施将流沙固定,然后种植植物。否则,由于风沙流动比较频繁,直接在其上种植固沙植物,难以定居成活,在短期内沙害难以消除。工程措施包括各种沙障,其作用是:

a) 降低地表风速,增大地表粗糙度,使气流对地表沙粒的直接作用力减小;
b) 减少流沙对植物幼苗的侵害,使之易于成活定居。

9.3.2 工程措施对风积沙细粒成分的影响

在流沙活动比较严重的路线上风侧,视沙害危害程度的大小,设置不同宽度的机械沙障防护带,防护带宽为50m～100m。方格沙障规格有4m×4m和2m×3m,带状沙障间距2m。固沙材料选用沙蒿。

设置沙障后,流沙得到了固定,沙地微环境发生了很大变化,首先是土壤的理化性质发生大的变化。土壤细粒成分增多,土壤的持水力增大,含水率也增大。同时土壤的微生物活动强度及数量都有增强。土壤的水、肥、汽、热朝良性状态发展。这就为植物的生长发育创造了有利的条件。

从表36可以看出,设置沙障后,规格为2m×3m格状沙障中,土壤的细粒成分由6.48%上升到20.48%,细粒成分增加大约3倍,其他规格的沙障中土壤的细粒成分也有不同程度的增加。

表36 试验地土壤组成(%)

沙障	粒级(mm)					
	>1	1～0.5	0.5～0.25	0.25～0.1	0.1	<0.1
4m×4m方格	0.029	13.95	40.50	29.24	16.26	
2m×3m方格	0.058	7.89	26.98	44.57	20.48	
2m×2m带状	0.26	28.76	26.82	26.09	18.07	
流沙	0	1.75	31.89	59.86	6.48	

9.3.3 工程措施对下垫面性质的影响

下垫面粗糙度是衡量地表性质的一个物理指标,其大小直接影响到地表流沙的风蚀与堆积状况,含义是平均风速减小到零的某一几何高度。粗糙度计算公式为:

$$\lg Z_0 = \lg Z_2 - \frac{A \lg Z_1}{1-A} \tag{14}$$

式中:$A = v_{200}/v_{50}$;$Z_1 = 50cm$;$Z_2 = 200cm$;v_{200}为2m高处风速;v_{50}为50cm处风速。

表37中,流动沙地上设置了沙障,使粗糙度增大,规格为2m×3m的方格状沙障的粗糙比流沙提高了42倍;4m×4m沙障的粗糙度比流沙的粗糙度提高了27倍。这样就使贴近地表的风速减小到沙粒起动风速以下,防止了沙粒起动,沙障的规格越小,粗糙度越大,反之规格越大,粗糙度越小。

表37 下垫面粗糙度的变化

沙障高度	沙障规格			流沙	路面
	2m×3m	2m×2m(带状)	4m×4m		
50cm时风速	6.3m/s	7.3m/s	7.8m/s	10.6m/s	6.7m/s
200cm时风速	10.4m/s	9.4m/s	12.0m/s	13.1m/s	8.3m/s
Z_0	0.1188	2.0928	0.0761	0.0028	0.0030

9.3.4 工程措施对降低风速的作用

设置沙障后,增加了地表粗糙度,从而降低了风速。表38中,2m×3m方格沙障在距地面高50cm处降低风速40.65%,200cm处降低风速20.61%,4m×4m方格沙障在50cm处降低风速26.41%,200cm处降低风速8.39%。由此可以看出,规格小的沙障,降低风速的量就大,距地表近的地方削弱风速就大,距地表高的地方,相对来讲削弱风力的作用就比较小,规格大的沙障在垂直方向和规格小的沙障削弱风力的趋势大致相同,但作用的强度比较小。

表38 沙障降低风速的作用

沙障高度	沙障规格 (2m×3m)	降低风速 (%)	沙障规格 (2m×2m)	降低风速 (%)	沙障规格 (4m×4m)	降低风速 (%)	流沙
50cm时风速	6.3m/s	40.56	7.3m/s	31.13	7.8m/s	26.41	10.6m/s
200cm时风速	10.4m/s	20.61	9.4m/s	11.33	12.0m/s	8.39	13.1m/s

9.3.5 在工程措施的保护下建立人工植被

设置机械沙障以后，消除了试验路段内的沙害，并使局部环境得到改善，为植物固沙创造了条件。但机械沙障使用年限不长，不可能达到永久固沙目的，植物固沙才是公路沙害治理的根本措施。植物固沙不仅可以防风固沙，而且可以改造自然环境，改良土壤，为沙区农牧民提供薪材，为牲畜提供饲草饲料。

植物固沙是人工植被的建立，是自然植物群落的模拟。只要设计合理，将外界的干扰减少到最小，就可以迅速恢复植被，形成人工植物生态系统。

9.3.5.1 固沙植物种的选择

固沙植物种类选择应考虑适合在试验路段生长发育且固沙效果好的植物。植物种类的选择是植物固沙成败的关键。

通过对各种环境因子及植物种源的调查，本着适地适树的原则，选择乔木旱柳，大灌木柠条，小灌木杨柴，沙柳，沙打旺作为主要固沙植物种类。旱柳耐旱，生长迅速，易成活，造林简便，是沙地主要乔木造林树种。其经济利用价值也高，树叶可以作羊的冬季饲料，树干可以出售或用于造林。柠条极耐干旱，根系发达，适合在干旱的硬梁地生长。杨柴耐干旱，根蘖性强，防风固沙作用大，适合在流沙上生长。沙柳造林简便易行，不怕风打沙埋、生长迅速，短期内即可发挥固沙作用，是固沙的首选灌木。

9.3.5.2 固沙植物的配置
9.3.5.2.1 密度

合理的密度是植物生长发育的基本条件，密度过大，间种竞争激烈，物种内争夺水分、养分、阳光、致使植物生长发育不良。密度过小，土地资源利用不充分，且起不到固沙护路的作用，只有设计合理的密度才能有效地控制流沙。根据对立地条件的调查，灌木株行距50cm比较合适，这样的密度既可以防止种间过于竞争，又可以快速起到固沙作用。乔木间距3m～4m比较合适。

9.3.5.2.2 种间配置

各种植物的生物学和生态学特性是不同的，这就要求造林时避免将对环境有相同要求的树种放在一起种植。沙柳系浅根系植物，而柠条则是深根系植物，这两种植物放在一起种植，地下部分就不至于发生水分和养分的竞争。

根据种植第2年调查，当年扦插的沙柳和当年直播种植的柠条生长状况见表39，柠条平均高15cm，而沙柳平均高122cm，最高可达230cm，可见其生长速度是较快的。

紫花苜蓿是深根性植物，而杨柴则是浅根性植物，大部分根系分布在地表10cm～40cm的土层中。紫花苜蓿和杨柴混交，地下部分不会争夺水分和养分，根据调查，当年种植的紫花苜蓿平均高可达35cm，杨柴可达13.9cm。此外，在部分沙障中直播种植杨柴、柠条和紫花苜蓿，每一种植物播种一片，杨柴保存率大约50%，保存下来的个体生长发育情况较好。这种植物抗逆性较强，在风沙地仍能正常生长，而且蘖根性极强，保留少量几株，几年后就可以覆盖大面积沙面。防风固沙效果显著，根据当年秋季调查，平均高可达23cm，冠幅可达45cm×44cm，年生长量10cm左右。而沙柳第2年生长速度不如第1年，生长量大约50cm。柠条年生长量持平，1年约15cm。

表39 种植1年固沙植物生长状况

名 称	平均高(cm)	最高(cm)	冠幅(cm×cm)	成活率(%)
杨柴	13.9	25	23×19	78
沙柳	122	230		89
沙打旺	15	30	40×40	90
柠条	15	30	10×10	65
沙蒿	46	65	54×50	
紫花苜蓿	35	50		95

9.3.6 固沙后植物种类的变化

通过工程措施与植物固沙相结合的方法初步建立的防护体系,许多其他的植物在已固定的防护带内定居,据第2年秋季的调查,新的植物种增加20多种。在设置机械沙障后,一部分沙蒿种子落在沙障中,雨季以后自然繁殖、生长。组成了由人工植被和天然植物混生的植物群落结构。植被的覆盖度也由治理前的15%左右增加到90%左右,形成了以乔、灌、草相结合的植物固沙防护体系。生态环境大为改观,生态系统的自然调节能力,结构的稳定性、层次性及植物的多样性等方面都有很大的提高。生态系统初步进入了良性循环,生物产量大大增加。防沙固沙的效果明显。根据第2年春对不同规格的沙障输沙量的调查,在规格为2m×3m的沙障中从2cm~20cm范围内的集沙量不足1g,比对照流沙低350倍。由此可见其固沙效果十分显著。

9.4 防火隔离带

植物秸秆、枝条等易燃材料设置的机械防护体系及植物固沙带应设置纵向和横向防火隔离带。

纵向(与公路平行)防火隔离带应设在路堤段的边坡坡脚外侧;横向(与公路相交)防火隔离带每公里设置两条。在沙丘密集区应沿丘间地蜿蜒设置;在平坦沙地上,应与主线合成风向垂直设置。

机械防护体系中,防火带宽度为2m~2.5m,植物固沙带的防火带宽度为3m~4m。在防火带内应经常清理地表的柴草,并利用其他惰性材料,如黏性土、砂砾石或喷洒化学固沙剂等,固定防火隔离带中的流沙。

附 录 A
（资料性附录）
内蒙古地区沙漠的分布

内蒙古地区沙漠的分布见表 A.1。

表 A.1 内蒙古地区沙漠的分布

序 号	沙 漠 名 称	地 理 位 置	面积（万 km²）
1	巴丹吉林沙漠	内蒙古阿拉善高原西部	4.43
2	腾格里沙漠	内蒙古阿拉善高原东南部	4.27
3	乌兰布尔沙漠	内蒙古阿拉善高原东部北部 黄河河套平原西南部	0.99
4	库布齐沙漠	内蒙古鄂尔多斯高原北部 黄河河套平原以南	1.61
5	毛乌素沙漠	内蒙古鄂尔多斯高原 原中南部和陕西北部	3.21
6	浑善达克（小腾格里）沙地	内蒙古高原东部的锡林 郭勒盟南部和昭乌达盟西北部	2.14
7	科尔沁沙地	东北平原西部的西辽河下游	4.26
8	呼伦贝尔沙地	内蒙古东部的呼伦贝尔高原	0.72

附 录 B

(资料性附录)

沙漠公路典型路面结构组合

表B.1 沙漠公路典型路面结构组合

公路等级	交通等级	路面结构组合			备注
高速公路、一级公路	T6	沥青混凝土(15) 水稳粒料(28~35) 天然砂砾(≥20)	沥青混凝土(15) 水稳粒料(28~35) 级配碎(砾)石(≥12) 土工格室加固沙(15)	沥青混凝土(15) 水稳粒料(20) 无机料稳定风积沙(≥25)	适用于 Ⅰ~Ⅶ区
		沥青混凝土(15) 沥青稳定碎(砾)石(17~20) 级配碎(砾)石(≥30)	沥青混凝土(15) 二灰粒料(26~33) 天然砂砾(≥20)	沥青混凝土(15) 水稳粒料(20~30) 石灰土(≥28)	适用于 Ⅰ~Ⅲ区
	T5	沥青混凝土(12) 水稳粒料(25~33) 天然砂砾(≥20)	沥青混凝土(12) 水稳粒料(20) 级配碎(砾)石(≥12) 土工格室加固沙(15)	沥青混凝土(12) 水稳粒料(20) 无机料稳定风积沙(≥20)	适用于 Ⅰ~Ⅶ区
		沥青混凝土(12) 沥青稳定碎(砾)石(17~19) 级配碎(砾)石(≥28)	沥青混凝土(12) 二灰粒料(26~31) 天然砂砾(≥20)	沥青混凝土(12) 水稳粒料(28~33) 石灰土(≥20)	适用于 Ⅰ~Ⅲ区
	T4	沥青混凝土(7~12) 水稳粒料(25~30) 天然砂砾(≥20)	沥青混凝土(7~12) 水稳粒料(18~20) 级配碎(砾)石(≥10) 土工格室加固沙(15)	沥青混凝土(7~12) 水稳粒料(18~20) 无机料稳定风积沙(≥20)	适用于 Ⅰ~Ⅶ区
		沥青混凝土(7~12) 沥青稳定碎(砾)石(16~18) 级配碎(砾)石(≥30)	沥青混凝土(7~12) 二灰粒料(25~30) 天然砂砾(≥20)	沥青混凝土(7~12) 水稳粒料(20) 石灰土(≥20)	适用于 Ⅰ~Ⅲ区
二级公路	T3	沥青混凝土(7~10) 级配碎(砾)石(28~33) 天然砂砾(≥15)	沥青混凝土(7~10) 级配碎(砾)石(18~23) 天然砂砾(≥10) 土工格室加固沙(15)	沥青混凝土(7~10) 水稳粒料(20) 无机料稳定风积沙(≥26)	适用于 Ⅰ~Ⅶ区

表 B.1（续）

公路等级	交通等级	路面结构组合			备注
二级公路	T3	沥青混凝土(7~12) 沥青稳定碎(砾)石(8~10) 级配碎(砾)石(≥25)	沥青混凝土(7~10) 二灰粒料(18~23) 天然砂砾(≥20)	沥青混凝土(7~10) 水稳粒料(20) 石灰土(≥18)	适用于Ⅰ~Ⅲ区
二级公路	T2	沥青混凝土(4~6) 水稳粒料(20~30) 天然砂砾(≥20)	沥青混凝土(4~6) 水稳粒料(18~20) 级配碎(砾)石(≥10)	沥青混凝土(4~6) 水稳粒料(20) 无机料稳定风积沙(≥20) 土工格室加固沙(15)	适用于Ⅰ~Ⅶ区
二级公路	T2	沥青混凝土(4~6) 沥青稳定碎(砾)石(8~10) 级配碎(砾)石(≥20)	沥青混凝土(4~6) 二灰粒料(20) 天然砂砾(≥20)	沥青混凝土(4~6) 水稳粒料(20) 石灰土(≥20)	适用于Ⅰ~Ⅲ区
三级公路	T2	沥青碎(砾)石混合料(4~6) 级配砾石(12) 天然砂砾(≥15)	沥青表处(3) 无机料稳定风积沙(≥25)	沥青碎(砾)石混合料(4~6) 级配碎(砾)石(≥12) 土工格室加固沙(≥15)	适用于Ⅰ~Ⅶ区
三级公路	T2	沥青稳定碎(砾)石混合料(4~6) 水稳粒料(16~18) 天然砂砾(≥15)	沥青碎(砾)石混合料(4~6) 二灰粒料(20) 天然砂砾(≥20)	沥青碎(砾)石混合料(4~6) 石灰土(≥25)	适用于Ⅰ~Ⅲ区
三级公路	T1	沥青表处(3) 级配砾石(10) 天然砂砾(≥12)	沥青表处(3) 无机料稳定风积沙(≥20)	沥青表处(3) 级配碎(砾)石(≥10) 土工格室加固沙(15)	适用于Ⅰ~Ⅶ区
三级公路	T1	沥青表处(3) 水稳粒料(16~18) 天然砂砾(≥12)	沥青表处(3) 二灰粒料(≥20)	沥青表处(3) 二灰粒料(≥20)	适用于Ⅰ~Ⅲ区

注1：表中单位为 cm。
注2：交通等级划分为6级，见表 B.2。
注3：水稳粒料包括水泥稳定砂砾、水泥稳定碎石等。
注4：二灰粒料包括石灰粉煤灰粒料、水泥石灰粒料等。
注5：各地可结合实践经验和材料情况对路面结构及材料组合进行适当调整。

表 B.2 交通等级划分表

公 路 等 级	交 通 量 等 级	累计当量轴次(万次/设计车道)
高速公路、一级公路	T6	1 200 ~ 1 800
	T5	800 ~ 1 200
	T4	350 ~ 800
二级和三级公路	T3	150 ~ 350
	T2	50 ~ 150
	T1	< 50